译文视野
Panorama

新·日本の階級社会

新型
日本阶级社会

[日] 桥本健二 —————— 著

张启新 —————— 译

上海译文出版社

SHIN NIHON NO KAIKYUU SHAKAI

©Kenji Hashimoto 2018

All rights reserved.

Original Japanese edition published by KODANSHA LTD.

Publication rights for Simplified Chinese character edition arranged with KODANSHA LTD.

through KODANSHA BEIJING CULTURE LTD. Beijing, China

本书由日本讲谈社正式授权,版权所有,未经书面同意,不得以任何方式做全面或局部翻印、仿制或转载。

图字:09－2020－580号

图书在版编目(CIP)数据

新型日本阶级社会／(日)桥本健二著;张启新译.—上海:
上海译文出版社,2021.11
ISBN 978－7－5327－8861－3

Ⅰ.①新… Ⅱ.①桥… ②张… Ⅲ.①社会阶层—研
究—日本 Ⅳ.①D731.361

中国版本图书馆 CIP 数据核字(2021)第 214511 号

译文视野
新型日本阶级社会
新・日本の階級社会

[日]桥本健二 著
张启新 译

出版统筹 赵武平
策划编辑 陈飞雪
责任编辑 董申琪
装帧设计 山 川

上海译文出版社有限公司出版、发行

网址:www.yiwen.com.cn

201101 上海市闵行区号景路 159 弄 B 座

上海市崇明县裕安印刷厂印刷

开本 890×1240 1/32 印张 7.75 插页 2 字数 123,000

2022 年 3 月第 1 版 2022 年 3 月第 1 次印刷

印数:0,001—8,000 册

ISBN 978－7－5327－8861－3/C・105

定价:68.00 元

目　录

代序　　从"差距社会"到"新型阶级社会"　I

第一章　分化了的"中产"　001

　　1　"一亿总中产"的真相　002

　　2　经济差距与"中产"意识的关系　005

　　3　分裂的"中产意识"　009

　　4　深入发展的"意识的阶层化"　014

　　5　日益扩散的"肯定差距扩大论""接受差距扩大论"与"自我
　　　　责任论"　018

　　6　现阶段的差距社会　024

第二章　现代日本的阶级结构　027

　　1　社会概貌的描绘　028

　　2　现代社会的阶级结构　031

　　3　现代日本的阶级构成　036

4 阶级间差距的演变与工人阶级的分裂 043

第三章 下层阶级与新型阶级社会 051
1 五个阶级概述 052
2 工作的世界 065
3 成长过程与求学经历 069
4 健康状态的阶级差别 072
5 社会资本与焦虑 075
6 悲哀的下层阶级——四对一的阶级结构 078

第四章 阶级是否已经固化 081
1 财富链与贫困链 082
2 代际流动的总体倾向 087
3 为什么资本家阶级与工人阶级固化了 096
4 新中产阶级出身者难以成为新中产阶级的理由 102
5 女性的代际流动 106

第五章 女性的阶级社会 111
1 妻子与丈夫的阶级所属 112
2 资本家阶级女性 116
3 新中产阶级女性 125
4 工人阶级女性 134
5 下层阶级女性 140
6 旧中产阶级女性 142

     7   女性与阶级社会 147

第六章   关于差距的对立关系结构 151

     1   年轻人是否正趋于保守 152

     2   对差距的认识 161

     3   "排外主义""重视军备"与对差距的认识的关系 173

     4   阶级、差距认识和政治意识之间扭曲的关系 181

第七章   更为平等的社会 185

     1   为缩小差距达成共识应如何努力 186

     2   达成共识的途径：所属阶级、组导致的差异 191

     3   差距扩大的弊病 195

     4   自我责任论的陷阱 199

     5   如何缩小差距 202

     6   为实现"非阶级社会"而努力 219

参考文献 227

代　序

从"差距社会"到"新型阶级社会"

"差距社会"的发端

"差距社会"可以说是平成日本最火的流行词之一。2006年,它在"新词、流行词大奖"[1]中首次进入前 10 位,它还成功入选了 2013 年这一大奖迎来 30 周年之际发表的"新词、流行词30 年的前 10 位"。当时选出的不少像"性骚扰(sexual harassment)""支持者(supporter)"[2]"安全神话"[3]那样的流行

---

1. "新词、流行词大奖"是由日本自由国民社创建的对一年中发生的新词进行评选,对与被选上的"词"有关的人物、团体进行授奖表彰的一项评奖活动。从 2004 年(平成十六年)开始,改称为"U‑CAN 新词、流行词大奖"。每年 12 月初发表。
2. "支持者"一词获得 1993 年新词金奖,得奖人为女演员设乐理佐子。1993 年秋,日本足球因"多哈悲剧"而使首次出征世界杯赛的美梦破灭。但是,作为"第 12名选手"与选手们一起拼搏并将选手们一直送到多哈赛场的是"支持者"们。引进了日本职业足球联赛的支持者与以往仅仅是观赛的观众不同,他们不仅仅是观众,他们彻底改变了观众的性质,成了球队的支持者。得奖人是作为支持者的代表同赴多哈的三浦选手的夫人。
3. "安全神话"一词入选 1995 年前十,获奖者为原内阁安全保障室室长佐佐淳行。阪神淡路大地震后又接连发生奥姆真理教事件的 1995 年,很显然无论是在政府层面还是在民间,"保障体制"没有发挥任何作用。这是起因于人们对日本是"安全"的"神话"寄望过高,急需要有彻底的对策来改善。佐佐淳行把灾害时的政府应对斥为"官灾"。

词,在其后彻底定型,并成为现代日语不可或缺的词汇,"差距社会"也赫然在列。

那么,"差距社会"这一词是在什么时候,又是怎样诞生的呢?

这一词语大都被认为是因社会学家山田昌弘(Yamada Masahiro)在2004年出版的一本引起广泛关注的《希望差距社会》一书而流传开来的,他也确实应邀出席了"新词、流行词大奖"的颁奖仪式。但是,这只不过是两个常用词简单排列而成的复合词而已,很久以前就已出现。将其与现代日本相关联而有意识地使用"差距社会"一词,最早大概可追溯到1988年11月19日的《朝日新闻》社论《"差距社会"行得通吗》一文。因为是全国性报刊的社论使用了这一词语,所以将这一事件作为"差距社会"一词被社会广泛认知的最初案例应不为过吧。

这篇社论之所以取这样一个题目,可能是因为在前一天,即1988年11月18日公布的《国民生活白皮书》备受冷落的缘故吧,不管怎么说,这篇白皮书是经济高度增长期后,日本政府承认差距扩大的事实的第一份公开发表的文件。那是一个泡沫经济开始发酵,人们开始认识到差距扩大的倾向的时期。就此,白皮书指出,在经济高度增长期间缩小的差距,到了1970年代开始不再缩小,进入1980年代以后,随着地价的上涨,资产的差距进一步扩大,而且,大多数国民已经实际感受到了这一差距的扩大。

此外,白皮书还就国民对差距的认识,依据调查结果论述道:尽管大多数国民感觉到差距在扩大,但并不认为"凡是差距都是不应该的",反而觉得,对由个人的选择和努力而产生的差距表现出相当宽容的倾向。这也显示出国民对差距的认识逐渐成熟。这种"由于个人的选择和努力,生活水平有差距也是理所当然的"认识倾向与最近的所谓"自我责任论"的观点是一脉相承的。

当然,《朝日新闻》的社论与白皮书的这一主张是唱反调的。在现实社会中,人们并没有处在公平的条件之下,个人的努力也并不一定得偿所报。地价和股价的高涨导致了社会公平的崩溃,由此而产生的资产的差距将通过继承传给下一代。在日本的现实社会中不是已经可以看到这一"新阶级社会"的征兆了吗? 对,就是"新型阶级社会"这一词。

差距的演变

那么,在日本,差距是怎样演变过来的呢? 我们用一张图,即图表0-1来归纳一下从战后初期到最近为止的情况。图表采用了显示人们收入差距的整体倾向的基尼系数、按规模和产业区分、按男女性别区分的工资差距等三项指标,以及反映贫困阶层的情况的低保率。在此说明一下,基尼系数这一指标显示,当差距完全不存在时为0,当一个人垄断了所有的财富导致差距达到最大时为1,计算的基础有两种,即初始收入(第一阶段的总收入),以及再分配收入(从初始收入中减去税收和社会保险费,再加上养老金或低保收入等社会保障给付后的实际收入)。

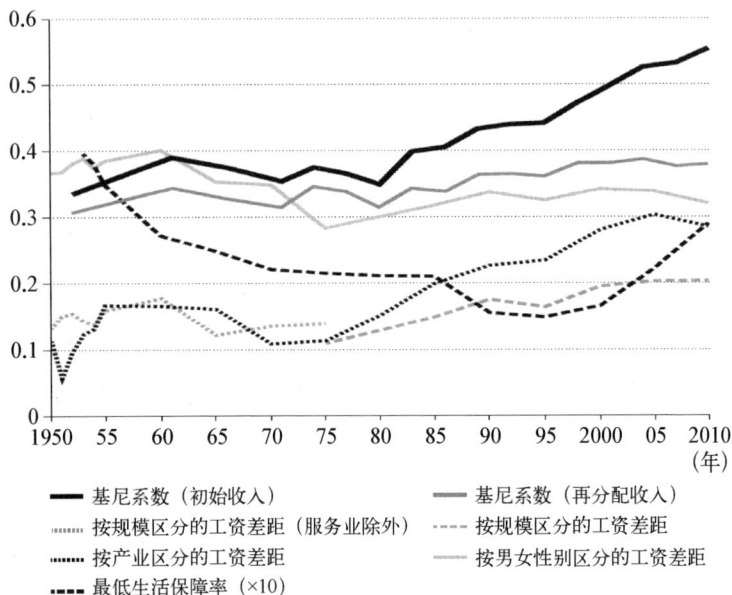

注：基尼系数根据《收入再分配调查》得出。

按单位规模区分的工资差距指 500 人以上规模的单位与 30—99 人规模的单位之间的差距，均以相加之和除以各自的月收入总额的差额得出的指数。在所有的时期里，1 000 人以上的单位的工资均高于 30—99 人单位的工资。1975 年以前不包括服务业。1971—1982 年仅包括制造业。对象为固定工人。原始资料出自"每月劳动统计调查"。

按产业区分的工资差距系指批发零售业与金融保险业之间的差距，均以相加之和除以各自的月工资总额的差额得出的指数。在所有的时期里，金融保险业的工资均高于批发零售业，1970 年以降，在所有产业中金融保险业的工资最高，批发零售业的工资最低。原始资料出自"每月劳动统计调查"。

按男女性别区分的工资差距均以和除以各自的月工资总额的年平均差得出的指数。在所有的时期里，男性的工资均高于女性。对象为 30 人以上的固定工人。原始资料出自"每月劳动统计调查"。

最低生活保障率是以家庭为单位的保障率。出自厚生劳动省《低保的动向》。

从战败后的 1950 年到 1960 年,除了低保率,大多数指标都在上升。由于战后复兴,处于赤贫状态的人逐渐减少,大企业和城市地区开始复兴,中小企业和地方落在了后面,差距由此而扩大。但是,高度增长开始后,差距又开始逐渐缩小。这是因为经济增长的成果开始影响到中小企业和地方。即使高度增长期结束后,差距的缩小还持续了一段时间,大多数指标在1975年到1980年到达谷底。日本绝大多数国民都过着富裕的生活,当时是一个差距极小的社会,即所谓"一亿总中产"的时代。

但是,差距就是从那个时候开始重新扩大。特别是初始收入的基尼系数与按产业区分的工资差距的扩大十分惊人。低保率还在继续下降,这与当时的厚生省的政策收紧有关,他们采取了所谓的"临水策略",将前来窗口申请低保的人拒之门外。1990年代后期,很多地方政府接受了批评,改善了态度,低保率就急速上升了。在上述的社论面世的1988年,当时的差距还刚刚露头,与今天的情形根本不能同日而语。

由此可见,现代日本的差距扩大始于1980年左右,已经持续了将近四十年。或者也可以说,在近四十年的时间里,政府不曾出台过正儿八经的缩小差距的政策,对差距的扩大放任自流至今。

在所谓的"一亿总中产"的时代里,差距当然也是存在的,饱受贫困之苦的人也是有的。但是,与今相比,差距要小得多,这也是不争的事实。其中大部分人都拥有彩电、空调、家用轿车等耐用消费品,以此为基础,即使生活的富裕程度有所差别,但是大家都维持着基本相同的生活方式。

分 裂 的 日 本

但是其后,随着差距的持续扩大,日本社会发生了极大的质变。详情在以后各章再叙,此处暂举几例,以示这种变化。

贫困率的上升,形成了庞大的贫困阶层。1985 年仅为12.0%的贫困率在之后 12 年持续上升,至 2012 年达到了16.1%。贫困率乘以人口数得到的贫困阶层的人数从 1 400 万人增加到了 2 050 万人。根据 2015 年的最新统计,贫困率为15.6%,有所下降,可以视为止住了上升的势头。其中,单亲家庭(约九成为母子家庭)的贫困率则达到了 50.8%。

贫困率的上升主要是由非正规工人的增加所造成的。其中更为严峻的是,学校毕业的年轻人从走出校门起就无法稳定就业,其后也只能作为非正规工人一直从事低工资不安定的工作,再加上原来的年轻人,这一群体的人数增长极快。根据 2012 年的"就业结构基本调查"估算,专业技术职位、管理职位与有配偶的女性(所谓的临时工主妇)以外的非正规工人达 928.7 万人,占到就业人口的 14.9%。其中大部分人从出校门到退休为止的所有时间或大部分时间是作为非正规工人度过的,这些人最后,想必也只能度过贫困的老年生活。正如后面会详细介绍的那样,他们的年均收入只有区区 186 万日元,贫困率达38.7%。其中大多数人因经济原因无法结婚生子,20—59 岁的未婚率,男性上升到 66.4%,女性上升到 56.1%。其中临时工主妇除外,剩下的 43.9%的女性是离婚或丧偶的人。

贫困带来了未婚率的上升。50 岁时一次婚也没结过的人的比率称为"终身未婚率",国立社会保障与人口问题研究所预测,这一比率到 2035 年将上升至男性 29.0%、女性 19.2%(《平成二十七年版厚生劳动白皮书》）。女性比率之所以比较低，是因为男性在较年轻时离婚的话，有很多人还是会去找初婚的女性再婚。三成男性终身未婚的话，必定会使三成女性无法拥有稳定的伴侣。日本社会也会逐渐成为三成人口主要因为经济原因而无法建立稳定的家庭的社会。

人们的意识也发生了很大的变化。在所谓"一亿总中产"的时代，很多人都认为自己的生活水平处于中等或以上。这种想法其实与本人的生活水平几乎没什么关系，富裕的人也好，贫困的人也好，大家的想法没什么差别。不论贫富，人们的心中洋溢着"富裕的心情""中产的心情"。然而，时至今日，富裕的人和贫困的人的意识已经有了明显的差异。1975年实施的 SSM 调查（关于这一项调查后文再做说明）的结果显示，认为自己的生活水平"高于一般人"的人的比率在富裕阶层也不过只有 44.5%，而在贫困阶层也有 17.2% 的人认为自己"高于一般人"。然而，在 2015 年实施的同样的调查结果则显示，这一比率在富裕阶层已经上升到 73.7%，反之，贫困阶层则减少到 10.0%。这是因为人们对自己的富裕或贫困程度有了切实的感受。

人们的政治意识也发生了很大的变化。迄今为止大多数有关政党支持的研究已经越来越明确地认识到，以自民党与社会党为核心的"55 年体制"[1]从成立伊始到高度增长期，以经营者

---

1. 指从 1955 年开始持续了 38 年的日本政党政治的体制。日本自由民主党（自民党）一直处于执政党位置，而社会党则一直处于在野党第一大党位置，这一局面被称为"55 年体制"。

为代表的富裕阶层支持自民党,以工人为核心的贫困阶层支持社会党这样一种结构非常明显,但是后来,这一结构迅速解体,对政党的支持已渐渐地不再与贫富差距有明显的对应了。尤其是最近的这10年间正在发生新的变化。从2005年的SSM调查来看自民党的支持率,富裕阶层占到37.4%,贫困阶层占到27.1%,差距确实有,却不是很大。然而到了2015年,富裕阶层的支持率依然维持着37.7%的高位,但是贫困阶层的支持率降到了20.9%。自民党的支持地盘明显地转移到富裕阶层那一边。

今天,扩大了的差距可以说已经深深地扎根于日本社会的土壤里,人们明显地感觉到了这一巨大的差距的存在。而且富人们自知自己的富有,穷人们也深知自己的贫穷,各自对所处的境况都非常清醒并经营着自己的生活。人们因穷富差异而处于分裂的状态。这一状态同时还表现在政治意识方面。几乎一直作为日本的政治核心而存在的自民党也终于将其地盘挪向扩大了的差距的一端,从而大大增强了其作为富裕阶层的政党的特质。

日本型"阶级社会"的出现

就此意义而言,现代日本社会已经不能再用"差距社会"这样含混暧昧的词来形容,而应旗帜鲜明地亮出"阶级社会"的名号。第二章将就此作详细阐述。所谓阶级,是指因收入和生活水平,以及生活方式和意识等的差异而被分隔成几个种类的人群。此外，各阶级间的差异巨大，而此差异又具有重大意义的社会，即谓之阶级社会。今天的日本社会显然具有强烈的阶级社会的特质。而且，其结构与传统的理论和学说所设定的阶级社会又有很大的不同。从这一意义上来说，它是一个"新型阶级社会"。

本书旨在揭示的正是这一现实。拥书在手的人们或许会认为这个差距应该缩小，也有人可能会认为像目前这种水平的差距也无不可。不管人们站在什么立场，这是一个讨论现代日本时必须要了解的现实。让我们首先来解决这个问题。

在本书中，除了政府部门的统计，还运用了各种社会调查的数据资料。其中非常重要的统计资料有 SSM 调查资料与 2016 年首都圈调查资料。SSM 调查的正式名称为"社会阶层与社会流动全国调查"，是由专门从事阶级、阶层研究的社会学家研究团体发起，从 1955 年开始，每十年实施一次的调查。最新的调查是 2015 年进行的。该数据资料的使用获得了 2015 年 SSM 调查资料管理委员会的批准[1]。

此外，SSM 调查从 1955 年到 1975 年为止，仅以男性为调查对象，1985 年开始才加进了女性调查对象。因此，在做长期的动向分析时，仅以男性为对象。调查对象的年龄范围在 2005 年以前都是 20 岁到 69 岁，从 2015 年开始，扩大至 20 岁到 79 岁。2016 年首都圈调查是以笔者为核心的研究组实施的调查，调查

---

1. 本书中根据 SSM 调查数据资料的分析部分是科学研究费特别推进研究事业（课题编号 25000001）的成果之一。2015 年 SSM 调查的数据，引用了 2017 年 2 月 27 日版（版 070）的资料。

对象是东京都中心半径 50 公里以内的居民。这一调查在设计时有意识地选择了富裕阶层及贫困阶层人口集中的地区、蓝领集中的地区、有孩子的家庭集中的地区等特征明显的地区。由此，可以清晰地观察到这种差距造成的影响[1]。调查对象为 20 岁到 69 岁的居民。

1. 在调查研究时，接受了科学研究费补助金（基础研究 A 课题编号 15H01970）。

第一章
分化了的"中产"

曾几何时,日本被称作一个"一亿总中产"的社会。几乎所有的日本人都具有"中产意识"。在那个时代,日本社会中人人生活富裕,贫富差距极小。这是真的吗? 现在也还是这样吗? 本章将在回顾高度增长期到今日为止的日本人的"中产意识"的基础上,阐明早已在某种程度上成为现实的"中产意识"是如何随着贫富差距的扩大而分解,使富人们感受到了自己的富裕,而穷人们感受到了自己的贫穷。人们的意识又是如何随着贫富差距结构的变化而明显分化的。

1 "一亿总中产"的真相

日本人的"常识"

直到现在我们还能时不时地见到对"一亿总中产"深信不疑的人。这一意识从 1970 年代后半期开始的将近 30 年间,可以说已成为几乎所有的日本人的"常识"。而且,还一直成为日本人为自己的祖国感到自豪的有力根据。欧洲是不平等的阶级社会,但是日本是没有阶级的平等的社会。美国有人种、民族问题,单一民族的日本也没有这样的问题。共产主义国家虽然平等,但日本不仅平等,还很富裕。"一亿总中产"论,可以说,一直在为这种民族主义话语提供着基础。

这一论调最初可以追溯到经济学家村上泰亮于 1977 年在

报纸上刊登的一篇题为"新中产阶层的现实性"的短文(载《朝日新闻》1977年5月20日夕刊)。其主张如下:

> 舆论调查的结果显示,回答自己的生活水平为"中"的人占到90%,其中,回答"中中"的人也达到了60%。经过高度增长期,人们的生活水平提高了,收入差距也缩小了。蓝领与白领的差距也不明显了。不管城市与农村,"都市化"不断推进,生活方式也日益趋同。传媒与大众教育的发达导致人们的意识也日趋均等化。由此出现了"既非上层亦非下层的、处于中间地位的、在生活方式和意识方面都处于均等的庞大的阶层"。现在,像"课长、事务职员、车间主任、班组长、工人、店主、店员、农民"等等,都属于这一阶层,均等的"新中产阶层"已然形成。

当然这一主张遭到了来自各方的批判。因为,它被认为过于夸大了事实,与事实不符。但从结果上来看,村上的主张随着各种版本的流传,已经渗透到了日本人,其中包括不少社会科学领域的专家的观念当中,成为了日本人的常识。而且它还成为了贫富差距扩大的事实难以引起人们注意的间接原因。

那么,村上的依据,其后又一直成为"一亿总中产"的依据的舆论调查又是什么呢?那就是总理府(现在已并入内阁府)长期以来一直实施的《关于国民生活的舆论调查》。在这一份调查中有一道题目是"你家的生活水平在社会中处于何种水平?"需从"上""中上""中中""中下""下""不知道"等6个回答中选择 1 个。图表 1-1 是村上提到的 1975 年的调查结果以及 2017 年的调查结果。

图表 1-1　日本人的"中产意识"

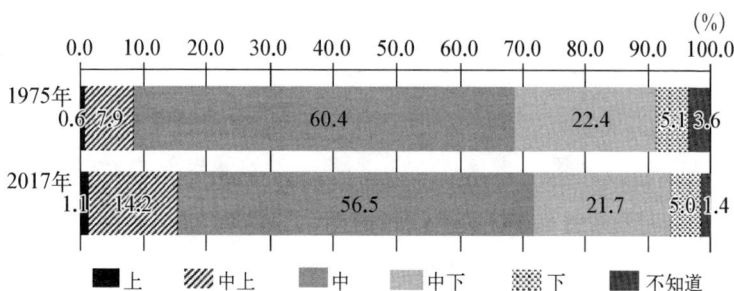

资料来源：内阁府《关于国民生活的舆论调查》
注：因四舍五入，有些合计不等于100%。

误导

结果一目了然，回答"上"的人是极少的，回答"下"的人也不过 5% 左右。若将"中上""中中""中下"的合计统一视为"中"的话，1975 年 90.7%，2017 年 92.4% 的被调查者选择了"中"。

这一结果是否意味着九成或更多的日本人就过着"中产的"生活呢？很显然这是错误的。

首先，这一调查结果毕竟只能说明，有"九成的日本人自认为自己的生活水平处于中等水平"，而并不意味着"有九成的人过着中等水平的生活"。在社会学当中，这种通过提问而测得的人们的意识被称为"阶层归属意识"。当然，阶层归属意识与回答者的实际的生活水平以及其所属的阶层并不一定相同。通常,回答者对与自己无甚往来的人,对与自己无缘的职业和社会地位的人们的生活水平并不熟悉。他们并没有掌握正确的知识,使他们对日本社会总体的不平等程度以及自己在其中占什么位置有足够的了解。而且,如我们后面所要介绍的那样,近年来的研究也已表明,1970 年代是人们的阶层归属意识与实际的收入和社会地位之间误差特别大的一段时期。

其次,题目的设计方法也存在问题。"不知道"另当别论,其他 5 个选项当中有 3 项属于"中"。"上"仅仅是"上","下"也仅仅是"下",唯有"中"分了"中上""中中"和"中下"。所以,至今为止绝大多数人就在这 3 项中选 1 项也属理所当然,然后 3 项"中"一合计,"中"的比率特别高也就毫不为怪了。只要改变选项的设计方法,"中"的比率也必将发生变化。比如,在 1975 年的 SSM 调查中,分设了"上""中上""中下""下上""下下"等 5 个选项让被调查者选择其阶层归属意识时,就出现了"中上"23.8%、"中下"54.0%,"中"的合计仅为 77.8%的结果。

2　经济差距与"中产"意识的关系

更精细的分类

尽管如此,《关于国民生活的舆论调查》的统计结果也不是完全没有意义。虽然不能正确地反映现实,但是对观察人们对差距的认识动向还是有用的。只是统统合计到 3 个"中"去以后,几乎在所有的时期里,"中"都超过了九成,这就没有什么意义了。但若改变一下思路,将"上"与"中上"合计,"中中","中下"与"下"合计,合并成3个选项,并将各自的选项设为将自己定位于"比一般人好""与一般人差不多""比一般人差"的思路来考虑即可,那就在某种程度上发挥作用了。实际上,我们重新做了这样的划分以后,回答的分布与现实的差距动向就契合多了。

图表1-2反映了1964年到2017年为止的阶层归属意识的情况。确实,在所有的时期里,"中"的合计都是在九成左右,但是,观其细节,就可以看到有很多的变动。1964年到1979年为止,"中下"与"下",即"比一般人差"的比率减少了,"中中"即"与一般人差不多"的人的比率增加了。"上"与"中上"即"比一般人好"的比率几乎没什么变化。

图表1-2 日本人的阶层归属意识

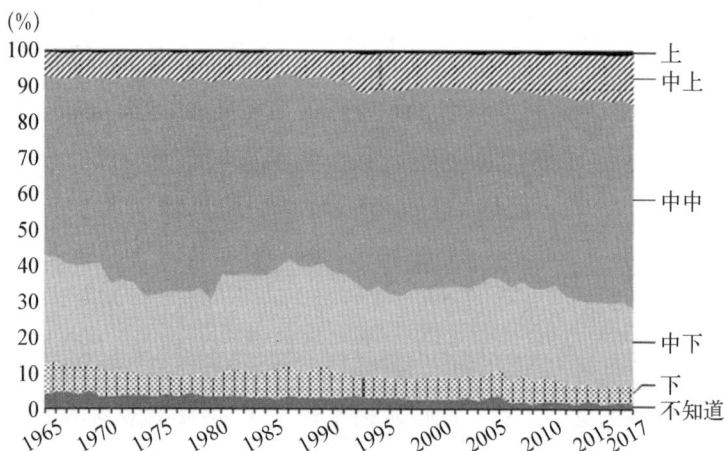

资料来源:内阁府《关于国民生活的舆论调查》
注:1998年与2000年的调查没有相同的题目,故而采用了前后年份的平均值。

到了 1980 年,"比一般人差"突然增加了 7%,而"与一般人差不多"则差不多正好减少了前者的增加部分,而且这种状态持续了将近 10 年。到了 1990 年,"比一般人差"的比率开始减少,而"与一般人差不多"以及"比一般人好"的比率增加了。尤其是,此前一直维持在 7% 左右的"比一般人好"的比率超过了 10%,在很多年份都达到了 12%,这可以说是一个很大的变化。

2000 年以后又开始发生变化。"比一般人差"再度增加,在"差距社会"一词开始被广泛运用的 2004 年,"比一般人差"达到了 33%。同时,"比一般人好"也在持续增加,就是"与一般人差不多"减少了。由此,人们的阶层归属意识向"比一般人差"与"比一般人好"的两极分化的状况一直持续到 2010 年。然而,从发生东日本大地震的 2011 年起,"比一般人好"还在继续增加,而"比一般人差"却迅速减少,与之相对照的"与一般人差不多"又开始增加,直至今日。

东日本大地震后的变化或许反映了很多人将自己与受灾的牺牲者、无可奈何地过着避难生活的人做比较后的心态,认为自己还算好的。人们开始想,"我们不应该把自己想得比一般人差"。事实上,在地震灾害不久实施了同样的调查,结果显示,人们对现在的生活回答"满意"的人的比率急速上升。

"中产"内部发生变化

但是,如果把这种或许被认为是暂时的变化忽略不谈的话,这里所显示的阶层归属意识的变化还是非常忠实地反映了经济差距的动向。这就是图表 1-3。

图表 1-3 基尼系数与认为自己的生活水平"比一般人好"的人的比率之间的关系

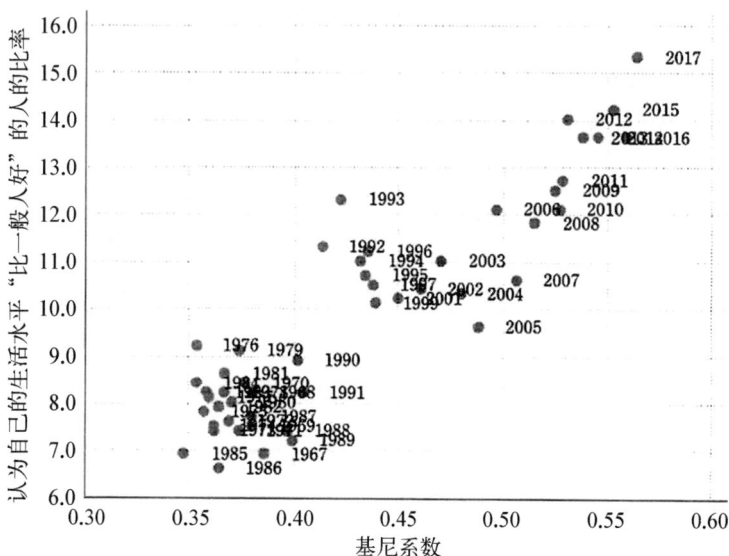

资料来源:《关于国民生活的舆论调查》《收入再分配调查》

注:自认为"比一般人好"的人的比率为"上"与"中上"的合计。基尼系数在没有实施调查的年份就用其前后年份的连线予以补充。此外,基尼系数采用的是 5 年前的标准。

这张图的横轴是显示经济差距的基尼系数(初始收入),纵轴是显示认为自己的生活水平"比一般人好"的人的比率。只是差距扩大以后到人们的意识发生变化为止,在时间上多少有些滞后,所以基尼系数用的是 5 年前的标准。

认为自己"比一般人好"的人的比率与基尼系数是非常准确地对应着的。在 1992 年与 1993 年,其对应关系露出了一些破绽,这一时期,尽管基尼系数并没有明显上扬,但是,"比一般人好"的比率有所上升。在泡沫期结束时期,感到自己的生活水准大幅提升的人增加了吧。但是在大部分时期里,基尼系数一上升,"比一般人好"的比率也上升,这两者的关系还是可以得到验证的。即差距一扩大,九成自认为"中产"的人中间总有一部分人认为自己"比一般人好","中中"或"中下"的人们则开始意识到自己被拉开了距离。

3 分裂的"中产意识"

"阶层化"的标志

用 SSM 调查数据可以做进一步清晰的说明。图表 1-4 显示了从 1975 年开始,每隔 20 年人们的阶层归属意识的变化状况。从中可以看出,"中上"逐渐增加,"下"的比率也一直增加,"中下"呈减少倾向。"中下"处于中间位置,其阶层归属意识逐

图表 1-4 阶层归属意识的趋势

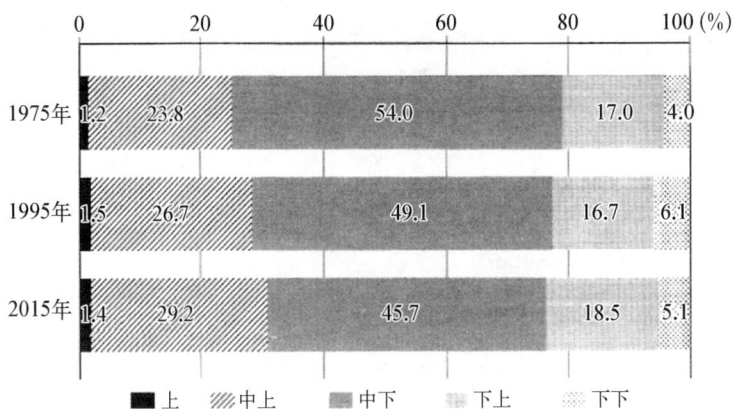

资料来源:根据 SSM 调查数据算出
注:对象为 20—69 岁的男性。因四舍五入,有些合计不等于 100%。

渐向两极分化。尽管如此,2个"中"在整体上占了四分之三,这一点没有变化。40年过去了,占了最多份额的依旧是"中下",这一点也没有变化。

那么,按收入阶层区分来看怎么样呢?图表1-5是按收入阶层来看认为自己"比一般人好"("上"与"中上"的合计)的比率的演进趋势。只是收入阶层因货币价值一直在变化,所以不能单纯地用实际金额来区分。所以,这里用"贫困线"作为标准,将收入阶层分为四层。

图表1-5 按收入阶层区分自认为"比一般人好"的人的比率

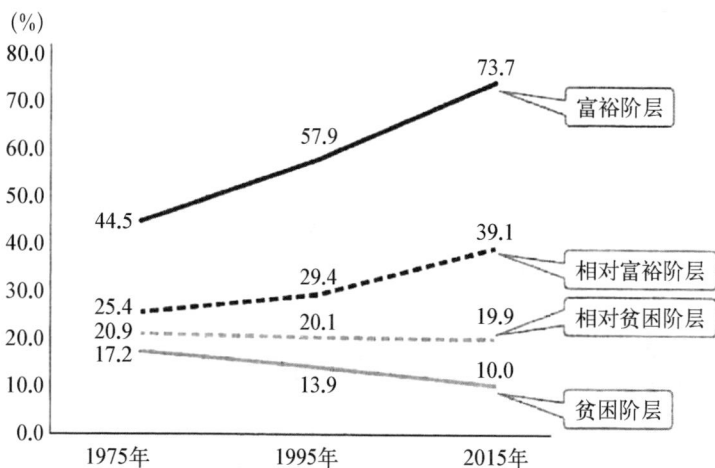

资料来源:根据SSM调查数据算出
注:对象为20—69岁的男性。

所谓贫困线,即如文字所示,是区分是否进入贫困阶层的标准线,将收入的中间值(将人们的收入按顺序排列时正好处在正中间位置的人的收入)的二分之一作为标准,是举世通用的做法。[1]图表 1-5 中运用了这一根贫困线，按收入分类，将贫困线以下的人定于贫困阶层，贫困线至中间值以下的人定为相对贫困阶层，中间值到中间值 2 倍以下的人定位于相对富裕层，中间值 2 倍以上的人定位于富裕阶层。[2]

人们的阶层归属意识在这 40 年间已经发生了很大的变化。1975 年时，按收入阶层得出的"比一般人好"的比率只有很小的差异。富裕阶层占 44.5%，比其他阶层都要高很多，但还是未过半数。然后是在相对富裕阶层、相对贫困阶层、贫困阶层中，自认为"比一般人好"的人的比率都在两成左右，没什么变化。这表明，富裕的人对自己的富裕程度，贫困的人对自己的贫困程度都没有清醒的认识。这张图中没有显示的是，自认为"中下"的人的比率也基本上没有什么差别，相对富裕阶层中占 54.9%，相对贫困阶层中占 53.8%，贫困阶层中占到 51.6%（富裕阶层占到46.7%）。很显然，人们对自己在整个社会中所处的位置大都不甚了了。

但是，此后不久，自认为"比一般人好"的人的比率在富裕的人中急速上升，在贫困的人中逐渐下降。而且这一变化一直延续了 40 年，到了 2015 年，自认为"比一般人好"的人的比率在富裕阶层达到了 73.7%，相反，贫困阶层中则降至 10.0%。富裕的人对自己的富裕程度，贫困的人对自己的贫困程度都开始有了明确的意识。如此一来，阶层归属意识按照现实中的富裕程

---

1. 在这种情况下，收入金额并非收入本身，而是通过将家庭收入除以同住家庭成员人数的平方根来调整的"等价收入"。
2. 关于这里所用的贫困线决定方法的详细情况请参照第二章的注释（第 44 页）。

度的序列泾渭分明地分道扬镳。可以说,阶层归属意识已经实现了阶层化。

最早发现这一事实的是社会学家吉川彻。1975 年、1985年、1995 年的 SSM 调查数据统计完毕后,这 20 年间的阶层归属意识的分布几乎没有什么变化,自认为"中"("中上"与"中下"的合计)的人的比率一直在 75% 左右徘徊。但是,吉川却在这似乎是静止不动的阶层归属意识的背后发现了正在发生着的巨大变化。1975 年时,职业、学历、收入等显示现实的阶层地位重要因素对阶层归属意识的影响力极其微弱。然而到了 1985 年,收入的影响力明显增大,到了 1995 年,职业与学历的影响力进一步增大,阶层归属意识与现实中的阶层序列已开始明确对应起来。很显然,这种变化以后一直在持续着(《宁静的"中"意识的转变》,载于《现代日本的"社会之心"》)。

决定系数揭示的真相

为了进一步阐明这种决定阶层归属意识的机制的变化,下面介绍一项最新的分析成果。阶层归属意识并不仅仅是由收入所决定的。学历高的人倾向于越来越高的阶层归属意识,职业和年龄对阶层归属意识也有影响。然后使用统计学当中的多元回归的分析方法的话,这些要素对整个阶层归属意识的影响力的强弱就可以用所谓的"决定系数"的数值表现出来。决定系数的最大值为 1,最小值为 0。即影响力达到最大,100% 确定时为 1,没有丝毫影响力时为 0。50% 确定时为 0.5。在 1955 年到2015 年的六十年间,由于年龄、受教育年限、个人收入,然后是

职业的不同,阶层归属意识究竟受到多大程度的影响呢? 图表
1-6即通过决定系数来显示这一影响力的变化。

图表 1-6　阶层归属意识可以说明至何种程度

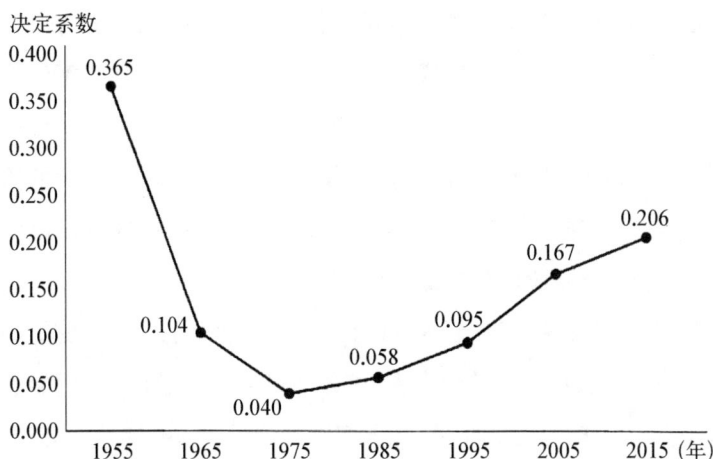

资料来源: Gong Aran《阶层的位置与阶层意识的形成、维持与转变机制》
注: 根据 SSM 调查数据算出。对象为 20—69 岁的男性。用于说明阶层归属意识的变数为年龄、受教育年限、个人收入、职业。职业用虚拟变量的方法,将专业、管理、事务、销售、熟练工、半熟练工、非熟练工、农业等职业 8 分类转化为数值。

　　1955 年时,决定系数为 0.365。这可以说是非常大的值。阶层归属意识受到很多因素的制约。其中不仅有收入和学历,还包括偶发的个人因素,比如在调查的那一天,偶然有了临时收入,或者本人性格开朗乐观等。尽管如此,仅以 4 个因素就决定了近四成归属意识,不得不说,其影响力相当的大。而且这还是处在战后复兴尚未结束的时期,且总体上差距巨大,贫困率也相当高的时代。人们对自己的贫困程度,或与他人比较时的自己的富裕程度都各自有非常清晰的认识。

　　然而此后,决定系数迅速降低,1975 年时降到了 0.040。阶层

归属意识仅凭这4个因素已经基本上无法说明了。阶层归属意识成功地脱离了阶层化。人们不管职业、学历、收入等的差异，都自认为或是"中上"或是"中下"，人们只有在真的是非常有钱或非常贫困的时候，或者碰到什么特殊情况时，才会自认为是"上"或"下"。

但是，这一决定系数成了谷底。1995年时上升到0.095，超出了1975年的2倍，2015年更是达到了0.206。凭4个基础因素便可以明了两成以上的阶层归属意识。由此可见，人们的阶层归属意识在战后初期是有明确的阶层区分的，在经济高度增长期，它脱离了阶层化，其后再度出现阶层化。

1975年是高度增长期结束后不久的时期。正如在图表0-1中所见，在当时的现实中，差距也确实很小，而且人们的意识比现实中的差距还要小，处于均质化的状态。富裕的人也好，贫困的人也好，大家基本上都认为自己的生活水平是中等程度。就此而言，这可以说是一个非常幸福的时代。"一亿总中产"论被广泛接受也是理所当然的。

但是，在现实中差距进一步扩大的同时，人们的阶层归属意识也再次回归阶层化。"中产意识"分裂了。而且这一分裂是在各个领域同时发生。下面让我们来看一看这种情形。

4 深入发展的"意识的阶层化"

政党支持率

图表1-7与图表1-5一样，从收入阶层来看对自己的生活"满意"的人的比率。

图表 1-7　对自己的生活满意的人的比率（按收入阶层区分）

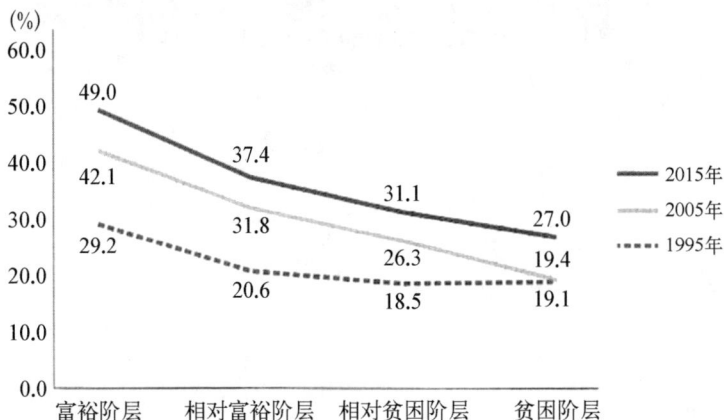

资料来源：根据 SSM 调查数据算出
　　注：在设计的"满意""还算满意""不好说""不太满意""不满意"等 5 个分段提问答案中，回答"满意"的人的比率。对象为 20—69 岁的男女。

　　在 1995 年阶段，收入阶层与对生活满意的人的比率之间并没有非常密切的对应关系，确实富裕阶层满意的比率较高，但与贫困阶层相比，也仅仅高了 10 个百分点。而且富裕阶层以外的 3 个阶层也都达到 20% 左右，几乎没什么不同。

　　然而，到 2005 年时，贫困阶层回答"满意"的比率没什么变化，但是，其他几个阶层的比率都提高了，尤其是富裕阶层，提高的幅度还很大。由此，收入阶层与对生活的满意程度之间有了明确的对应关系。差距扩大开始反映在了人们的意识当中。2015 年时，每个阶层的满意度都提高了，其与收入阶层之间的对应关系完全维持下来了。由对生活的满意度可见，人们的意识在不断地阶层化。

　　与此同时，人们的政治意识也在发生变化。图表 1-8 反映的是按收入阶层分类看对自民党的支持率的变化。

图表 1-8　对自民党的支持率的变化（按收入阶层区分）

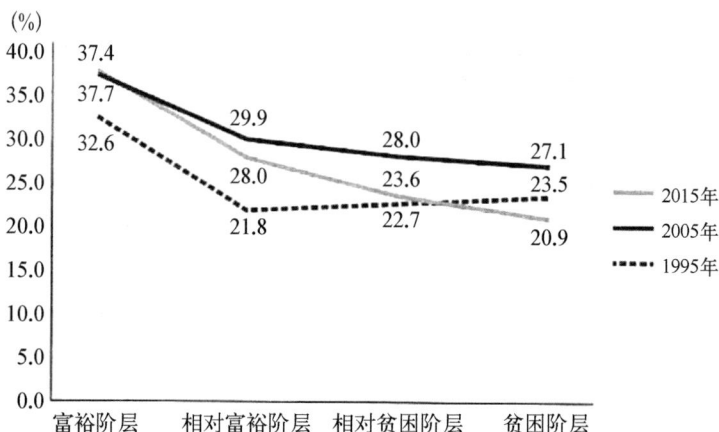

资料来源：根据 SSM 调查数据算出

在 1995 年阶段，收入阶层与对自民党的支持率之间并没有明确的联系。富裕阶层对自民党的支持率为 32.6%，与其他收入阶层相比高出 10 个左右的百分点，这个差距不能说很大。其他 3 个收入阶层的支持率几乎没什么变化，图中所示的支持率水平的线条相当接近。

到了 2005 年时，出现了少许变化。支持率在整体上都提高了。这是人气旺盛的小泉纯一郎内阁时期，也是自民党的支持率上扬的时期。从支持率的上升幅度来看，本来就处于高位的富裕阶层没什么大的变化，但是相对富裕阶层的支持率上升了8.1 个百分点，高于相对贫困阶层与贫困阶层的支持率。

然后到了 2015 年时，富裕阶层与相对富裕阶层的支持率基本不变，而相对贫困阶层的支持率则下降了 4.4 个百分点，贫困阶层的支持率下降了 6.2 个百分点。由此,图中对自民党的支持率出现了从左到右迅速向下的令人印象深刻的斜线。

政党支持的态度也出现了阶层化

这一结果实在是一目了然的。自民党对社会保障和贫困政策没什么热情,长期以来,他们仅热衷于促进对劳动力的放松管制和对富人的减税措施,而对差距扩大不闻不问,还不如说,他们本身就是一个促进差距扩大的政党。富裕阶层的支持率较高,但随着收入的下降,对他们的支持率也在下滑。这一结构显示出自民党已经沦为由特权阶级和富裕阶层构成其支持基础的"阶级政党"。

只不过在自民党的对立面并不存在一个得到贫困阶层和相对贫困阶层支持的单一的政党。顺便看一下 2015 年时贫困阶层对其他政党的支持情况,公明党获得的支持最多,达到 6.2%,其次是维新党[1](当时的支持率为 5.0%)、民主党(当时的支持率为 4.4%)、日本共产党(3.5%),贫困阶层支持的政党相当分散,竟然还有 57.3% 的贫困阶层的选民不支持任何政党。这四个政党的支持率合计为 21.8%,超过了自民党,但他们的支持对象过于分散,而且其中支持率最高的公明党与自民党组建了联合政府。

从结果来看,日本的政治并未到阶级政治的程度,以应对阶级之间的利害冲突和政党的对抗关系。但是,毋庸讳言,人们意

---

1. 2015 年 SSM 调查实施时正是在维新党闹分裂的全盛时期。

识的阶层化还是促使了政党支持的阶层化。

5 日益扩散的"肯定差距扩大论""接受差距扩大论"与"自我责任论"

对差距的态度

从以上的变化来看,自然会产生如下的印象。

经济持续高度增长后,在与现在相比差距尚不明显的时代,人们几乎没什么感觉,就一直糊里糊涂地以为自己的生活水平与其他人没什么不同。就此而言,富裕的人和贫困的人感受相近。但是在差距持续扩大的过程中,人们渐渐开始意识到差距的存在了,并对自己在这个差距结构中处于一个怎样的位置有了确切的认知。而且,根据自己的位置,富裕的人对自己生活感到"满意",贫困的人感到"不满意"了。这一情形甚至影响到了政治意识,富裕的人越来越支持自民党,贫困的人不再支持自民党。由此,以差距为焦点,人们的意识呈两极分化的态势。

这一印象从对差距扩大的评价与政党支持的关系来看更为明晰。2015 年的 SSM 调查问卷中,特地设置了几道题目,以了解调查对象对现实中的差距的看法。其中有一道题目是问对"今后,在日本差距进一步扩大也无所谓"的想法是否赞成,回答有 5 个选项:"同意""差不多同意""不好说""不太同意""不同意",对回答的统计结果显示,5 个选项的比率分别为 1.8%、4.1%、21.5%、29.9% 和 42.6%。

果然,从正面肯定差距扩大的回答好像比较难,所以"同意"和"差不多同意"的回答很少,两项相加,可视为"肯定差距扩大"。其余的回答分为对差距扩大持保留态度的"不好说",以及持明确的否定态度的"不太同意""不同意"。在此,我们就将前者称为"接受差距扩大",后者称为"否定差距扩大"。

图表 1-9 显示的是从分属于"肯定差距扩大""接受差距扩大"和"否定差距扩大"等三个不同立场人们看其各自的政党支持的态度情况。图表显示了自民党、民主党、维新党、公明党和日本共产党等五个政党的支持率。只是自民党的支持率远高于其他政党,所以纵轴按比例缩放了相应的数字。

图表 1-9 对差距扩大的评价与支持的政党

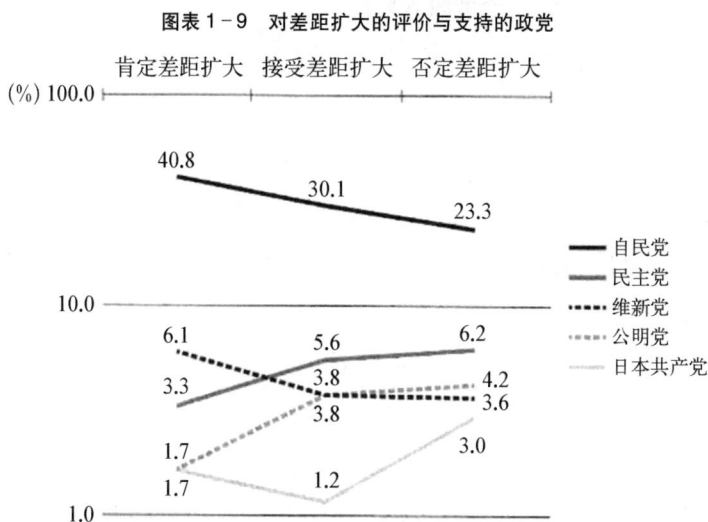

资料来源:根据 SSM 调查数据算出

注:题目是问对"今后,在日本差距进一步扩大也无所谓"的想法是否赞成。"肯定差距扩大"代表的是回答"同意"和"差不多同意"的合计人数,"接受差距扩大"是指回答"不好说"的人,"否定差距扩大"是指回答"不太同意""不同意"的合计人数。对象为 20—69 岁的男女。纵轴为按比例缩放的相应数字。

首先自民党的支持率在肯定差距扩大的人们中高达40.8%,在接受差距扩大的人们中降至30.1%,而在否定差距扩大的人们中进一步跌至23.3%。自民党可以说是以肯定差距扩大派与接受派作为其基本的支持力量。维新党与自民党一样也是在肯定差距扩大派中获得较高的支持率。与此相反,民主党、公明党和共产党在差距扩大肯定派那儿的支持率都很低,而在否定差距扩大的人们那里获得较高的支持率。这一倾向在日本共产党方面尤为显著。

自我责任论渗透低收入阶层

　　将这一分析结果与上述有关收入阶层与自民党支持的分析结果相结合来看,一幅通俗易懂的构图呼之欲出。作为执政党的自民党一直以来在促进差距的扩大,或者至少对差距的扩大不闻不问,他们在以富裕阶层为核心的肯定差距扩大的人们那里获得强有力的支持,并进一步收获到对差距扩大持接受态度的人们的支持。维新党在肯定差距扩大的人们那里收获支持这一点上也与自民党差不多。相对而言,民主党、公明党和日本共产党则在否定差距扩大的人们中寻求支持。然而否定差距扩大的人们虽有较强的不支持自民党的倾向,却没有一个政党能把这些人的支持集中起来,公明党反而与自民党合作组建联合政府,这些政党一盘散沙,没有能够团结起来推出阻止差距扩大的政策。如果有能把这些人的支持集中起来的政党或政治势力出现,日本的政治必将发生巨变。

但是，事情并非那么简单。因为，基于自我责任论的接受差距扩大论，即对因"个人的选择和努力"而产生的差距持接受态度的倾向确实已经广泛传播。

图表 1-10 显示的是按阶层区分的对差距扩大持肯定或接受态度的人的比率的变化。肯定或接受差距扩大的人的比率如预料的那样，富裕阶层比较高，贫困阶层比较低。但是，这一比率在这 10 年间有所上升，而其上升幅度在低收入阶层更大些。富裕阶层只上升了 1.2 个百分点，贫困阶层上升了 6.3 个百分点。差距扩大肯定派、接受派的比率按收入阶层依然不同，但是这个差别已经缩小了许多。肯定和接受差距扩大的倾向已经渗透到低收入阶层。

图表 1-10　肯定和接受差距扩大的人的比率

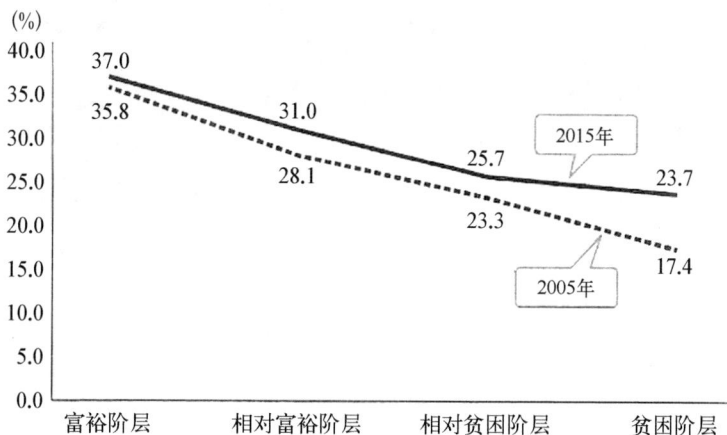

资料来源：根据 SSM 调查数据算出
注：对"今后，在日本差距进一步扩大也无所谓"的问题回答"同意""差不多同意"和"不太同意"的合计。对象为 20—69 岁的男女。

对差距扩大持宽容态度的最大依据

这种肯定或接受差距扩大的倾向与自我责任论关系密切。首先,让我们来看一下自我责任论被接受的程度。2015 年的 SSM 调查问卷中,有一道题为,你对"若能获得平等的机会,那么因竞争而产生贫富差距也是没办法的事"的想法是否赞同。虽说回答的结果同时取决于对"获得平等机会"这个前提条件有多缜密的思考,但是基本上可以说是一个对自我责任论是否赞成的问题。图表 1-11 系根据回答者的属性得出的对上述问题的回答。

图表 1-11 被广泛接受的自我责任论

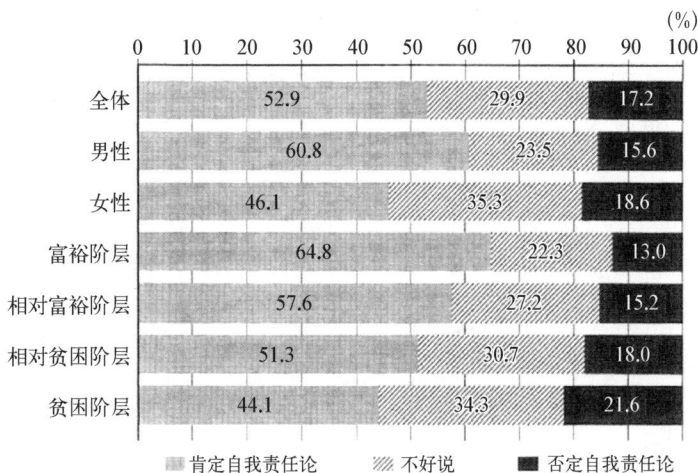

	肯定自我责任论	不好说	否定自我责任论
全体	52.9	29.9	17.2
男性	60.8	23.5	15.6
女性	46.1	35.3	18.6
富裕阶层	64.8	22.3	13.0
相对富裕阶层	57.6	27.2	15.2
相对贫困阶层	51.3	30.7	18.0
贫困阶层	44.1	34.3	21.6

资料来源:根据 2015 年 SSM 调查数据算出

注:题目是你对"若能获得平等的机会,那么因竞争而产生贫富差距也是没办法的事"的想法是否赞同。"肯定自我责任论"出自"同意"与"差不多同意"的合计回答,"否定自我责任论"来自"不太同意"和"不同意"的合计回答。对象为 20—69 岁的男女。

全部回答者中过半数的 52.9% 回答者对自我责任论持肯定的回答。尤其在男性当中,60.8% 的人持肯定态度,否定的人只有 17.2%，女性稍微多一点，也不过 18.6%。由此可见，自我责任论在日本人中已经广泛渗透。图表的下半部分显示了收入阶层的差异。对自我责任论的赞同与否确实与收入阶层有关，富裕阶层做肯定回答的比率最高，贫困阶层最低。尽管如此，值得注意的是贫困阶层中仍有 44.1% 的人做了肯定的回答，在 3 个选项中也是占了最大多数，而明确的否定回答却只有 21.6%。贫困阶层中很大一部分人接受了自我责任论，因此将自己的贫困状态归咎于自己的责任而坦然接受。

　　图表 1-12 关注的是自我责任论与对差距扩大的评价的关系。两者的关系非常清楚。肯定自我责任论的人当中，否定差距扩大的人只有 31.5%，58.8% 的人对差距扩大持接受态度，还有 9.8% 的人持积极肯定的态度。在回答"既不同意也不反对"对自我责任论的评价持保留态度的人中，否定差距扩大的人占41.8%，稍微多一些，但是极少有人会积极肯定差距扩大。最后在否定自我责任论的人当中，同时否定差距扩大占到最大多数

图表 1-12　"自我责任论"与"肯定差距扩大论""接受差距扩大论"

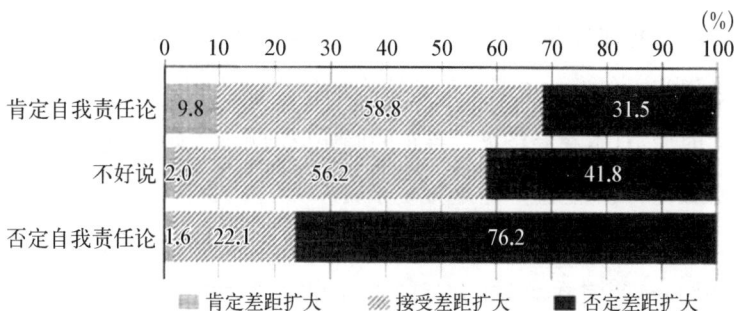

```
                                                                    (%)
       0  10  20  30  40  50  60  70  80  90  100
肯定自我责任论   9.8        58.8              31.5
不好说      2.0       56.2              41.8
否定自我责任论 1.6 22.1         76.2

   ▨ 肯定差距扩大   ▨ 接受差距扩大   ■ 否定差距扩大
```

资料来源：根据 2015 年 SSM 调查数据算出

的 76.2%，而肯定或接受差距扩大的人只有其四分之一都不到。

在今天的日本，积极肯定差距扩大的人很少，但要说包括接受差距扩大的人在内的"差距扩大肯定派、接受派"的话，已达到了将近六成。这一比率在低收入阶层稍微低一点，但是由收入导致的认识差别在这 10 年间已经缩小，不管属于哪个收入阶层，可以说接受差距扩大的倾向都比较强。这与所有的收入阶层都已广泛接受了自我责任论有关。自我责任论成为肯定和接受差距扩大的最强有力的依据。

6　现阶段的差距社会

对称轴可以成立

现将上述认识的事实以及根据数据资料分析的结果进行以下小结。

从 1970 年代后半期到"差距社会"一词流行的 2005 年前，"一亿总中产"对日本人来说就是一个常识。但是，这个常识却是值得怀疑的。它是人们将现实的生活水平与对自己的生活进行的自我评价，即阶层归属意识混淆在一起，以及根据充满了问卷提问方式上的错误的舆论调查的结果而出现的。但是，在这一时期，日本在经济上的差距的确比以前小了，而且不管生活水平如何，人们已经广泛地接受了许多人自认为自己的生活水平属于"中"的事实，并且，"日本是一个平等的国家"的观念也符合"自己的国家要优于其他国家"的所谓民族主义意识，它因此深入人心。

但是,阶层归属意识在某种程度上开始实事求是地反映实际的差距状态了。随着差距的扩大,一部分处于中位的人们开始觉得自己比一般人好了,开始与其他的处于中位的人们拉开了距离。这可以从 SSM 调查数据中获得明确的答案。人们曾经不管现实的生活水平如何而自认为属于中的倾向非常强烈,现实的收入阶层与阶层归属意识的对应关系很弱。但是,近年来,这种对应关系迅速加强,富裕的人认为自己比一般人好,不富裕人开始觉得自己比一般人差了。由此,阶层归属意识开始与人们在现实社会中所处的地位非常准确地对应起来了。这就是社会上广泛拥有的"中产意识"的分解。

　　与此同时,对生活和收入等的满意度也开始与现实生活的实际状态相匹配。富裕的人们越发地感到前所未有的满足,而贫困的人则感到前所未有的不满。然后在政党支持方面,富裕的人们支持自民党,其他的人就不支持自民党,这种政治态度与收入水平的对应关系也愈加深刻。

　　更有甚者,自民党在肯定和接受差距扩大的人们中寻求支持。相反除了当时的维新党以外,在野党与公明党则都是在否定差距扩大的人们中谋求支持。当公明党与自民党一起组成联合执政党的时候,"扭曲"是存在的,但这也可以说是以差距为争论焦点的对立轴能够成立的一种状况。

　　然而,贫困阶层曾经那样强烈地反对差距扩大,最近却偃旗息鼓,不再那么大张旗鼓地反对了。这并不说明他们与比较富裕的人们的差距没有了,就像后面各章将要详述的那样,对于差距的认识和评价中依然可以看出阶级、阶层之间的差异。但是不可否认,由差距的扩大而利益受损的人们对差距的扩大反而更为宽容。

逆转的可能性在哪里

这一倾向可能与自我责任论的广泛传播有很深的关系。自我责任论已经出乎意外地深入人心。这在贫困阶层也不例外。假如由于差距扩大导致非常不利于贫困阶层的结果,但是,贫困阶层却因受自我责任论影响而不再反对差距的扩大,那么,反对差距扩大的主张就失去了一部分重要的依据。而政治若受到对差距扩大持肯定和宽容态度的富裕阶层的引导,那么要阻止差距的扩大就会越发困难。差距进一步扩大,而且人们都将这一现实当作竞争的结果而接受。如这就是事实的话,这一事实就是1988年的《国民生活白皮书》称之为国民意识的"成熟"的那种变化本身。如此一来,差距社会就失去了逆转的契机。

而且更糟的是,现在虽然还有不少否定差距扩大的人,但是,遗憾的是,目前并不存在一个能够成为在这些人支持下阻止差距进一步扩大的政治路径的政党。所以,否定差距扩大的人们的呼声无法在政治上得到反映。由此,制止差距扩大的政治势力无法形成,差距还将进一步扩大。

或许很多人开始想,这样也可以啊,但是,依然存在着很多理由,促使我们必须要反对差距扩大。正如以后各章会看见的,人们不再纯粹地以收入的高低来区分,而是按社会学的理论所说的"阶级"与群体进行分析的话,抑制差距扩大的社会力量的可能性将隐约显现。笔者将对此逐一进行阐述。

第二章
现代日本的阶级结构

"差距社会"成为流行词,表明人们对社会中的差距结构开始关心起来。在社会学当中,这种差距结构被称为阶级结构。即人们即使不用专业术语,对阶级结构还是有了关注。本章将从社会学的阶级理论观点出发,揭示现代日本的阶级结构的概貌。我们也只能以简单的轮廓描绘来显示现代的日本社会究竟是怎样一个社会。

1 社会概貌的描绘

"阶级理论"描画出的社会的外观

长期以来,对阶级结构进行研究的领域,社会学称之为"阶级理论"。简单地说,它的目的在于揭示社会的概貌。阶级理论首先认为,现实社会中的人们分属于收入和生活水平,然后是生活方式及意识等都不同的几个阶级。然后,从这一观点出发去描绘社会的概貌。与此非常相似的研究称之为阶层论,这是阶级研究派生出来的分支研究领域,不同点在于它不用"阶级",而是用"阶层"或"社会阶层",在此,我们一并将其归纳进阶级理论。

阶级理论所描绘的社会外貌呈现出几个层面上下重叠的图形。比如,最上层为一小撮特权阶级,其下层为少数的精英们,再下层为占人口大多数的下层阶级,由此形成了金字塔形的社会。上层阶级、中产阶级、下层阶级各自以基本相同的比率重叠的谓之圆柱形社会。上层阶级和下层阶级都为少数者，中产阶级独大的称之为酒桶形社会等。阶级理论旨在形象地描绘出整个社会的概貌。

图表2-1即为其例之一。它将中世纪末期到现代为止的阶级结构的变迁以图形展示了出来。它出自构筑起现代日本的阶级理论（或阶层论）基础的社会学家之一的富永健一。在中世纪末期，金字塔的顶部是一小撮神职人员，其下层为拥有土地的贵族，他们统治着大多数的平民。但是进入19世纪以后，贵族站到了社会的最上层，组织起近代化产业的资本家阶级作为新兴势力蓬勃兴起，构成了贵族与平民之间的中产阶级。图中采用法国思想家圣西门的词汇，将平民称为实业家（能创造出工作岗位的人们）。市民革命爆发后资本主义蓬勃发展，资本家阶级占据了阶级结构的最上层，无产阶级（工人阶级）处于阶级结构的底层，其中间为小资本家阶级（自营业者和小微企业经营者等）。20世纪以后，主管和技术人员等工人中的一部分成员在企业中开始占据中间的位置，与旧中间层（曾经的小资本家阶级）一起形成了新中间层。到了现代，阶级结构呈现出中间肥大的洋葱或宝顶的形状[1]。从差距扩大、"中间"分裂的今天来看，在最后成为"一亿总中产"后终结

---

1. 这里的三个阶层采用的是"标准上层""非标中层""标准下层"等陌生的名称，这是富永根据自己的观点创造出的名称。他认为，在现代社会中，收入、地位、学历都很高或都很低的人极少，正如用某种尺度衡量属于高的，但用别的尺度衡量又属于低的一样，非标准的人大量增加，从而形成了极厚的中间层。这个观点目前尚未得到人们的重视，对此可以参考富永健一的《社会学原理》。——原注

处,可以感觉到时代的局限性。阶级理论试图揭示社会概貌的特质表露无遗。

图表2-1　近代到现代的阶级结构的变迁（根据富永健一的理论）

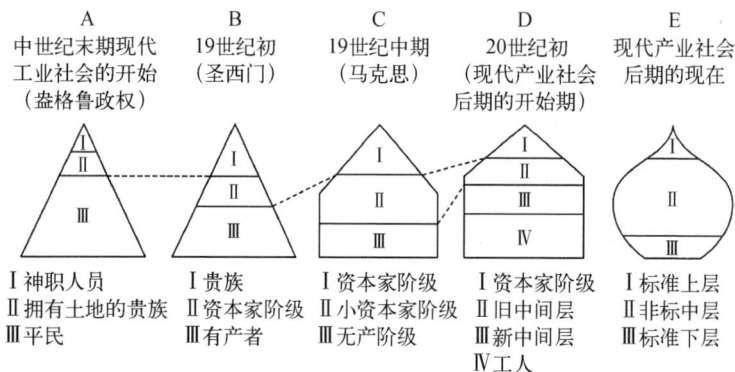

A	B	C	D	E
中世纪末期现代工业社会的开始（盎格鲁政权）	19世纪初（圣西门）	19世纪中期（马克思）	20世纪初（现代产业社会后期的开始期）	现代产业社会后期的现在
Ⅰ 神职人员 Ⅱ 拥有土地的贵族 Ⅲ 平民	Ⅰ 贵族 Ⅱ 资本家阶级 Ⅲ 有产者	Ⅰ 资本家阶级 Ⅱ 小资本家阶级 Ⅲ 无产阶级	Ⅰ 资本家阶级 Ⅱ 旧中间层 Ⅲ 新中间层 Ⅳ 工人	Ⅰ 标准上层 Ⅱ 非标中层 Ⅲ 标准下层

资料来源：富永健一《社会学原理》

　　"差距社会"一词成为流行词以后,出现了很多有关日本社会差距结构的著书,这些著作都试图去描绘上述意义上的社会的概貌,从广义上来讲,都是关于阶级理论的著作。

阶级理论隐含的政治性

　　但是,研究阶级结构的人本身也隶属于某个阶级,并在阶级结构中自有立场,因此,在进行理论研究时,或许会将社会的概貌描绘成对自己有利的样子。比如,特权阶级或接近特权阶级的人会隐藏其自己所处的有利的立场而提出这一社会结构差距很小且平顺的主张。相反下层阶级的人则会认为,这一社会是极端的金字塔形结构,自己被不公正地置于受损的位置。

　　阶级理论是阶级间冲突的焦点,而且因为它隐含着政治性,很容易成为政治冲突的焦点。"差距社会"成为流行词的时候，当时的小泉政权和亲近商界的媒体对于提出差距扩大的主张言辞凿凿地争辩道，"差距没有扩大""差距扩大是捏造的"，对此笔者还记忆犹新。这个社会有什么阶级？它们之间的差距如何？是否有利害冲突？这是政治上冲突的焦点之一，如果从向民众征缴租税并根据目的进行再分配这一所谓政治的最基本的功能作为考虑的出发点，毋宁说是最基本的焦点。因为描绘出的社会概貌，正是从何处征税、分配到何处去这一政治决策的基础。

社会学家毕竟是研究人员，不会有意去歪曲描绘社会的概貌。如果这样做，他们将失去作为研究人员的信用，其研究活动也就难以为继了。只要是一个有责任心的社会学家，大都必定会怀着与社会的弱者及差距扩大的牺牲者的共鸣而从事其研究。这时，他们的研究热情必将倾向于弱者，从而终将详尽阐明远胜于业外人士所了解的弱者的实际状况。就此意义而言，他们也不需要回避其结果所产生的政治性。笔者也不否认自己的研究中带有这种意义上的政治性，不如说，这正是笔者长期以来所积极追求的目标。

2　现代社会的阶级结构

资本主义社会中的阶级

那么，在现实的社会中有哪些阶级呢？现代意义上的阶级不同于前现代社会的身份，某人属于哪个阶级并不由制度预设决定,还是应该根据职业、收入和生活的实际状况,运用社会学的方法进行判断。

那么,具体而言应该如何来区分阶级?就现代社会学而言也有几个方法,很早以前就开始使用并在理论上较有说服力的一种方法是对资本家阶级、新中产阶级、工人阶级、旧中产阶级进行区分的四阶级分类。图表2-1的D的图式使用了"中间层"一词,以回避阶级一词,其意还是较为接近的。这一阶级分类是以卡尔·马克思的阶级理论为出发点,后由数位理论家创造出来的分类。

成为其基础的是下文所列的现代社会的经济结构。

在严格意义上的社会主义经济已经消亡的今天,成为社会基础的主要的经济结构就是资本主义。什么是资本主义?这就是如图表2-2那样以交换关系为基础的经济结构。这一经济的最大特征就在于生产资料,即生产所需要的工具、机器、原料、建筑等集中为一部分人所有。在前现代社会,占人口大多数的自营业者和农民分别拥有生产资料,自己经营家业。但是到了资本主义社会,一小部分的人垄断了大部分的生产资料,其他大多数的人却没有生产资料。

图表2-2　资本主义经济的基本结构

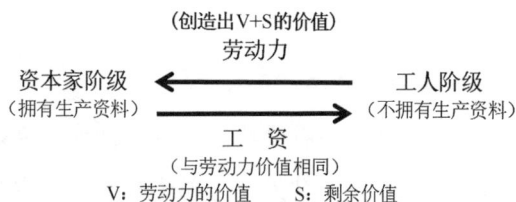

（创造出V+S的价值）
劳动力

资本家阶级　　←　　　　　　　工人阶级
（拥有生产资料）　　　　　　　（不拥有生产资料）
　　　　　　　→
工　资
（与劳动力价值相同）
V：劳动力的价值　　S：剩余价值

在此,拥有生产资料的人谓之资本家,没有生产资料的人就是工人,归纳起来他们分别就称为资本家阶级和工人阶级。没有生产资料的工人无法劳动,也就无法生活下去。相应的资本家阶级虽然一时生活无虞,但是他们需要人手来使用他们大量的生产资料。因此,两者间的交换关系必然成立。工人阶级向资本家阶级提供生产活动所需的肉体以及精神上的能力,即劳动力。作为反馈,资本家阶级向工人阶级支付工资。即在资本主义社会,劳动力作为商品可以通过金钱买卖。

当然,在大企业的情况下,很少有经营者是文字意义上的生产资料的所有者。所谓的"受雇的经营者"即使拥有一部分股票,但是从整个股东群体来看,大都也不过是些不起眼的个人股东。但是经营者拥有决定运用生产资料的基本方针的决策权,尽管没有法律上的所有权,但是与拥有所有权的经营者一样是雇主,身处购买工人的劳动力的立场。而如果是中小或小微企业的话,大多数的经营者目前依然是文字意义上的企业所有者。

经济处于正常状态下时,只要遵守一定的劳动条件,工人们通常可以获得足以维持生活的工资,即自己拥有的作为商品的劳动力不会用到力竭,还可以得到恢复=维持再生产。所谓的"维持再生产",具体地说,就是为了使工人一天劳动下来,可以休养生息,恢复体力和精神,第二天可以同样地精神抖擞地工作,他们所得的工资就必须可以购买到必要的粮食和其他生活资料。此时,工资可以认定为是按劳动力的价值支付的,所以劳动力的买卖是等价交换。

但是在现实中,劳动力会生产出超过所得的工资的更多的价值。比如,工人一天工作 8 小时,但是,为了一天能够连续 8 小时工作所需的生活物资其实远短于 8 小时的劳动时间,比如 4 小时的生产就足够了。所以,工人工作了 8 小时,却得到了只能买 4 小时工作部分的生活物资,这种劳动力的买卖可以说不是等价交换。剩下的 4 小时部分的劳动,没有得到相应的报酬。它成为利益留在了资本家阶级的手中。在马克思经济学当中,劳动力的价值为 V,劳动力所生产出来的价值以包括差额 S 的形式,用 V+S 来表示,S 称为剩余价值。由此,剩余价值留在资本家阶级手里时,就可以说工人的剩余价值被剥削了。这种剥削成为可能是因为资本家阶级垄断了生产资料。这是资本家阶级与工人阶级之间产生经济上的差距的基本机制。

四个阶级

资本家阶级与工人阶级是资本主义社会最基本的两个阶级。但是在资本主义社会的现实中,除了这两个阶级以外,还存在着两种中产阶级。图表 2-1 的 D 显示的是旧中间层、新中间层,但实际上就是中产阶级。

即使到了资本主义社会,资本主义以前一直存在的自营业者和自营农民并没有消失。这些人自己拥有少量的生产资料,他们既不受雇于人,也不雇佣他人,自己与家里人一起劳动从事生产活动。从这个意义上说,他们兼具了资本家阶级与工人阶级的角色,属于中间性质的阶级,而且是资本主义以前就存在的老的阶级,所以称他们为旧中产阶级。

另一方面,随着资本主义的发达,企业规模逐步扩大,原本由资本家阶级自行管理的部分业务,如对工人的管理和监督、对生产设备的管理等业务委托给了工人中的部分成员。这些人从出卖劳动力获取工资这一点来说,与工人阶级无异,但是其地位高于工人阶级,立于管理和监督工人的立场,从其较高程度的业务内容而言,他们处于资本家阶级与工人阶级的中间位置。因此,这些人也属于中产阶级,而且是随资本主义的发展而新上场的人们,所以可以称他们为新中产阶级。

四个阶级之间的关系

那么,以上四个阶级之间的关系该如何用图来表现呢?按照图表2-1的D,其上下重叠的阶级结构从上按顺序排列,呈现出资本家阶级、旧中产阶级、新中产阶级、工人阶级这样一个结构样式。但是,旧中产阶级既不受雇于资本家阶级,也非处于工人阶级和新中产阶级之上的位置,所以理应另当别论。由此呈现的结构如图表2-3。

图表2-3 现代社会的阶级结构

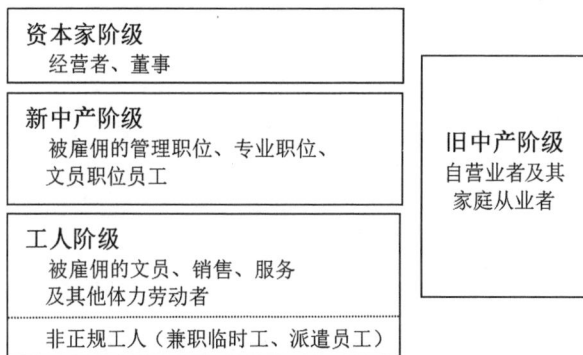

资本家阶级 经营者、董事	
新中产阶级 被雇佣的管理职位、专业职位、文员职位员工	旧中产阶级 自营业者及其家庭从业者
工人阶级 被雇佣的文员、销售、服务及其他体力劳动者	
非正规工人(兼职临时工、派遣员工)	

阶级结构大致可分两个部分。左侧为资本主义的企业领域,右侧为自营业的领域。左侧从上到下依次为资本家阶级、新中产阶级、工人阶级等三个阶级,是具有明确的上下关系而重叠的。资本家阶级是由企业的经营者或董事构成。新中产阶级是由雇员中具有专业技术职务和管理职务以及拥有管理方面的职业经历的高级文员组成。其他的雇员就是工人阶级。图表的右侧只有一个旧中产阶级,包括工商服务业、农业的自营业主及其家属从业人员。这就是由四阶级图式所勾画出的现代社会的概貌。

在这一阶级结构中,资本家阶级直接立于新中产阶级与工人阶级之上,对两者进行雇用和支配。而旧中产阶级虽没有立于直接支配的地位,却因拥有大量的生产资料而处于有利的地位。所以,资本家阶级可以说是资本主义社会的统治阶级。

但是,关于工人阶级,由底部三分之一处画有一条虚线,虚线以下为非正规工人。这是因为考虑到近年来,工人阶级已分裂为正规工人和非正规工人两个部分,两者的差距越来越大。关于这一点,我们在后面再来考虑。

3　现代日本的阶级构成

职业种类与性别

那么,怎样做才能按照图表 2-3 那样的图式来描绘实际社会的概貌呢?要做到这一点,需根据实际到手的数据资料对这四个阶级进行甄别。以往的研究通常是组合以下要素,以区别各个阶级或阶层。

最主要的要素是职业种类即对人们各自从事的工作内容加以区别。当今社会所使用的一般的职业分类主要分专业技术、管理、文员、销售、服务、保安、农林渔业、技能与生产工程等。

第二重要的要素为职业地位。职业种类是区分人们的阶级、阶层的重要因素,但是,仅凭这一要素还不够。比如,仅以销售为例,既有街上菜场的经营者,也有超市的店员。菜场的经营者属于旧中产阶级,超市的店员却是工人阶级。所以为了分类,不仅需要工作内容等信息,在工作单位的地位和受雇形态等的相关信息也是非常必要的。这些信息通常包括经营者、董事、自营业主及其家庭从业者、正规受雇职员、非正规受雇职员等的区别。

而且还需要有关企业规模的信息。在日本,企业规模不同,工资水准往往大相径庭,在很多情况下,最好还是根据企业规模来区别工人,实际上将企业规模纳入阶级、阶层分类也是屡见不鲜。但是,在此进行的阶级分类中一个特别重要的问题是经营者、董事、自营业主及其家庭从业人员。似乎可以把经营者、董事视为资本家阶级,把自营业者及其家庭从业人员视为旧中产阶级,但是在查看实际的调查结果和统计资料时发现,既有回答自己是经营者、董事而实际员工只有自己一人的人,也有拥有数十名员工却自称是自营业主的人。所以,为了区别资本家阶级与旧中产阶级,企业规模的信息是非常必要的。

此外,性别也与阶级分类有关。理论上,同样的职业种类、同样的就业、同样的企业规模的话,男性与女性理应属于同一个阶级。但是,在分类上,即使同样的职业种类,男性与女性在工作内容上有时有很大的差异。最典型的例子就是文员的职务。尤其是在日本,根据职种用工管理制度,男性通常被定位于综合职位,女性通常被定位于一般职位,两者在职务、职业方向和工资方面都有很大的不同。比如,2015 年的 SSM 调查显示,文员中有管理职位的人的比率男性为 54.6%,女性却只有 17.0%。而且随着年龄的增长男性的这一比率越来越大,到了 50 多岁时,高达 78.3%,而女性的这一比率只上到了 26.2%。因此,不得不说,将女性文员置于新中产阶级的位置,是违反了资本家阶级与工人阶级的中间层这一新中产阶级的定义。

四阶级的分类

考虑到以上的情况,本书拟将四个阶级做如下分类。关于经营者、董事与自营业主及其家庭从业人员,5 名雇员以上归类于资本家阶级,4 名雇员以下归类于旧中产阶级,以示区别。之所以将超过 5 人作为界线,是因为许多以企业为对象的统计调查都将调查对象设定为规模为 5 人以上的企业,说到"企业",通常都是指 5 人以上的事业体,另外,数据资料也都证实,经营者和自营业者的收入及生活状况以此为界线有很大的变化。

关于雇员,管理与专业技术职位被包含在新中产阶级中,文员以外的其他职种的雇员被归类于工人阶级中。关于文员职位的人,只有男性正规雇员被视为新中产阶级,女性及非正规雇员则被视为工人阶级。有管理职务的综合职位女性等,女性文员职位中也有可以被归类到新中产阶级的人,但是在现实中实在是凤毛麟角,而且,也没有专门用于区别有关综合职位与普通职位的统计,所以,女性在此就被归于工人阶级一类了。这一分类仅是对目前在职的就业人员进行的分类。至于已经离职的无职人员,考虑到他们的职业经历,比如,作为蓝领工人积累的经历被归于工人阶级,若最终能够上升到经营者,那么应该也可以考虑归类到资本家阶级等,只是受到数据资料的限制,在此暂不做考虑。综上所述,阶级结构呈现出如下的状态。[1]

　　资本家阶级　就业单位规模在 5 人以上的经营者、董事、自营业者及其家庭从业人员

　　新中产阶级　从事专业技术、管理、文员工作的雇员(女性与非正规文员除外)

　　工人阶级　从事专业技术、管理、文员以外的雇员(包括女性与非正规文员)

　　旧中产阶级　就业单位规模在 5 人以下的经营者、董事、自营业者及其家庭从业人员

　　图表 2-4 就是运用这一分类,对《平成二十四年就业结构基本调查》的统计结果进行加工后制作而成的。

---

1. 在用可以获得诸多有关职业的信息的 SSM 调查数据资料进行分析时,还需要进行一些微调整。就任课长以上职务的雇员,即使不属于专业技术、管理、男性文员,也可视为新中产阶级。而且,关于其父母亲所属的阶级,由于过去在日本,5人以上的家庭倾巢出动经营家业的情况屡见不鲜,所以,就业单位的规模为 5—9人以下的自营业者,就任非专业技术、管理、文员的职务时,将被纳入旧中产阶级,而不是资本家阶级。

图表2-4　现代日本的阶级构成　　　　　（万人）

	合　计	男　性	女　性
资本家阶级	254.4（4.1%）	194.3（5.4%）	60.1（2.2%）
新中产阶级	1 285.5（20.6%）	866.9（24.2%）	418.5（15.6%）
工人阶级	3 905.9（62.5%）	1 980.9（55.4%）	1 925.0（71.9%）
正规工人	2 192.5（35.1%）	1 454.3（40.7%）	738.1（27.6%）
兼职主妇	784.8（12.6%）		784.8（29.3%）
非正规工人（兼职主妇除外）	928.7（14.9%）	526.6（14.7%）	402.1（15.0%）
旧中产阶级	806.0（12.9%）	533.3（14.9%）	272.6（10.2%）
合　计	6 251.8（100.0%）	3 575.5（100.0%）	2 676.3（100.0%）

资料来源：根据《平成二十四年就业结构基本调查》算出。因四舍五入，有些合计与100%不符

　　资本家阶级占就业人口的4.1%，男性占5.4%，女性只占2.2%。从资本家阶级整体来看，男性基本上占了四分之三。

　　新中产阶级占就业人口的20.6%，男性较多，占24.2%，女性只占15.6%。或许有人会感到有一些意外，新中产阶级只占全部就业人口的两成左右那么少。尤其是手捧书本的读者大都是高学历的白领，周围的同事和朋友大多数也是如此，所以更会觉得惊讶。但是在服务产业化的现代，销售和服务职位的人大量增加，大大超过了在办公室工作的管理和文员职位的人。这些人的工作虽然属于不同的产业领域，但是，他们同工厂的工人和建筑现场的作业员等一样，应该视他们为在第一线工作的工人阶级。

　　工人阶级占到就业人口的62.5%的最大多数。其中，男性为55.4%，稍微少一些，女性占到71.9%的多数。当然，这主要是因为大多数的女性文员被分类到这一阶级的缘故。从就业形

态与性别来看细分内容,正规工人占 35.1%最多,兼职主妇占 12.6%,其他非正规工人占 14.9%,值得注意的是,非正规工人在整个工人阶级中占到了四成以上。如果仅看女性的情况,则这一比率将超过六成。

旧中产阶级在就业人口中占 12.9%,与新中产阶级相比要少得多。农民阶层在日本的人口中曾经占据了很大一部分,城市的自营业者也有相当的数量,想到这些恍若隔世。所以,我们采用了更宽泛的期限,来概观战后日本的阶级结构的量的变化。

图表 2-5 即反映了战后日本的阶级结构的变化。所用数

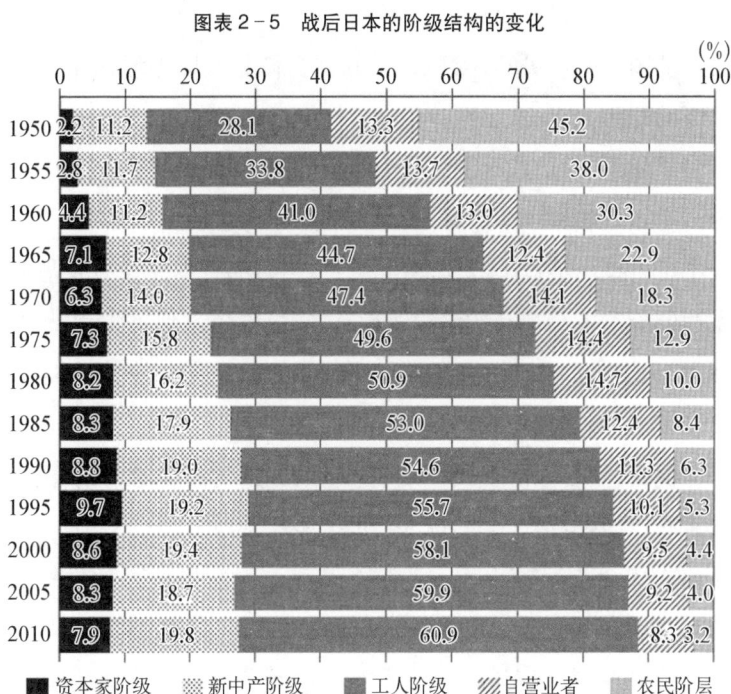

图表 2-5　战后日本的阶级结构的变化

年份	资本家阶级	新中产阶级	工人阶级	自营业者	农民阶层
1950	2.2	11.2	28.1	13.3	45.2
1955	2.8	11.7	33.8	13.7	38.0
1960	4.4	11.2	41.0	13.0	30.3
1965	7.1	12.8	44.7	12.4	22.9
1970	6.3	14.0	47.4	14.1	18.3
1975	7.3	15.8	49.6	14.4	12.9
1980	8.2	16.2	50.9	14.7	10.0
1985	8.3	17.9	53.0	12.4	8.4
1990	8.8	19.0	54.6	11.3	6.3
1995	9.7	19.2	55.7	10.1	5.3
2000	8.6	19.4	58.1	9.5	4.4
2005	8.3	18.7	59.9	9.2	4.0
2010	7.9	19.8	60.9	8.3	3.2

■ 资本家阶级　　新中产阶级　■ 工人阶级　自营业者　农民阶层

资料来源:根据人口普查算出。因四舍五入,有些合计与 100%不符

据资料来源与图表2-4所用的"就业结构基本调查"不同,为"人口普查"。这是因为从"就业结构基本调查"处得不到长期且详细的统计表。但是,采用人口普查会受到一个很大的限制,即无法区别企业规模。为此,只得把有1名以上雇员的经营者、自营业者都归类到资本家阶级。与图表2-4相比,2010年资本家阶级的比率提高了7.9%就是因为这个原因。旧中产阶级主要是农民阶层及其他的自营业者,他们的变化情况大相径庭,所以分成了两部分。

急剧的变化

从图表所示可知,战后日本的社会概貌实际上经历了急剧动荡的变化。

战后不久,1950年时,旧中产阶级在日本有产业的人中将近占了六成(58.5%)。而工人阶级还不到其半数,仅占28.1%,新中产阶级也不过11.2%,由此可见,当时的日本还没有发展到发达的资本主义社会的阶段。而且,农民阶层占到了45.2%,实际人口达到1 603.6万人。这一时期的日本是一个庞大的农业国。

但是,其后经济复兴开始了。随着经济的高度增长,农民阶层锐减,且其减速非常的惊人,1965年减少到1 109.7万人。年平均32.9万农民流出农民阶层。其后农民阶层的人数继续减少。2010年农民阶层的总人数只剩181.3万人,是1950年的九分之一左右,在总人口中所占的比率更是仅剩3.2%。自营业者的发展趋势与农民阶层有所不同,这一群体到1965年为止曾经一度减少过,转到增加后以 1980 年的 14.7% 为峰值,然后又开始减少,2010 年时达到 8.3%。

包括自营业者阶层在内的旧中产阶级与工人阶级的人数发生逆转大致是在 20 世纪 60 年代初。1965 年时,旧中产阶级的比率减少到 35.3%,比占比 44.7% 的工人阶级差了将近 10 个百分点。新中产阶级也显示出与工人阶级基本相同的增加率,1990 年时超过了旧中产阶级。由此,日本的阶级结构开始呈现出发达资本主义社会的特征。

资本家阶级开始快速增加,1995 年时已占到全部有产业的人的将近 10%。只是如上所述的理由,这里面还包括只雇用了几个工人的自营业者在内,所以资本家阶级的实际规模比这一比率还要小一些。

1995 年以后,出现了一些新动向。在此之前一直与工人阶级一样保持着增加态势的资本家阶级和新中产阶级开始出现逐渐减少的迹象。其中有不少小微企业因经营困难而歇业,或者开始减少正规用工,尤其是缩减了管理职位,并将文员的职位转换成非正规用工,这正是关系到近年来的差距扩大倾向的雇用变化。但是从 2010 年开始,由于福利、医疗领域的低端专业技术职位的增加,新中产阶级的比率稍微有些回升。

4 阶级间差距的演变与工人阶级的分裂

年收入的变化

那么,阶级间的差距是怎样变化的呢? 图表 2 - 6 显示了个人年收入、家庭年收入和贫困率[1]的演变。个人年收入与家庭年收入以工人阶级的平均值为 1 的指数形式表示。

图表 2-6　阶级间差距的演变

		1955	1965	1975	1985	1995	2005	2015
个人年收入 （工人阶级＝1）	资本家阶级	2.43	3.19	2.01	2.16	2.11	2.03	1.98
	新中产阶级	1.44	1.47	1.41	1.53	1.53	1.68	1.61
	工人阶级	1.00	1.00	1.00	1.00	1.00	1.00	1.00
	旧中产阶级	—	1.36	1.15	1.19	1.31	1.28	1.07
家庭年收入 （工人阶级＝1）	资本家阶级	2.22	2.94	1.89	1.86	2.04	1.87	1.81
	新中产阶级	1.51	1.40	1.32	1.37	1.39	1.51	1.47
	工人阶级	1.00	1.00	1.00	1.00	1.00	1.00	1.00
	旧中产阶级	0.96	1.24	1.15	1.21	1.35	1.23	1.07
贫困率 （％）	资本家阶级	5.9	2.0	4.1	1.4	2.8	4.1	4.3
	新中产阶级	2.1	2.5	1.0	2.2	1.7	1.9	1.6
	工人阶级	13.0	12.4	8.6	12.1	10.2	13.4	11.0
	旧中产阶级	29.6	19.2	15.2	12.8	12.0	15.3	19.0

资料来源：根据 SSM 调查数据算出。对象为 20—69 岁的男性（为比较 1955 年到 2015 年为止的数据，故将对象限定为男性）。1955 年没有询问农民层的个人收入

　　或许是个人年收入与家庭年收入反映了高度增长的开始，1965 年资本家阶级的年收入急剧上升，如果仅被这一事实吸睛，那么就会忽略了总体情况。如果忽略这一事实，从 1955 年

---

1. 贫困线以 SSM 调查的回答者（2015 年仅为 69 岁以下）的等价收入的中间值的二分之一处为基准，1965 年到 1995 年期间，这一数值直接被作为贫困线。1955 年是总体上处于低收入水准时期，等价收入的中间值的二分之一处为贫困线的话，贫困率将会出现非现实的低值，所以，参照了当时的收入统计和最低生活保障水准、贫困率的推测值等，将贫困线定在了年收入 5.25 万日元。关于 2005 年与 2015 年的贫困线，因家庭年收入的回答率非常低，尤其是那些貌似高收入的调查对象，不回答的人更多，所以，若把等价收入的中间值的二分之一作为贫困线的话，那么，贫困率依然会出现非现实的低值。为此，以根据 2002 年的就业结构基本调查数据算出来的贫困线为基础，将贫困线定为年收入 160.6 万日元。

到 1975 年这一期间来看,资本家阶级的年收入是下降的,而个人年收入和家庭年收入则有所上升,分别为 2.0 到 2.1,以及 1.8 到 2.0 左右,基本保持了一定的水准。

新中产阶级的年收入在 1955 年到 1975 年期间稍微有些减少,然后到 2005 年为止一直保持上升势头,到 2015 年稍微有所下降但变化不大,继续维持着与工人阶级之间的较大差距的状态。如第一章已经确认的那样,1975 年以前,差距一直在缩小,此后差距一直在扩大。与这一基本趋势相对照,新中产阶级可以说与这一趋势一直保持了一致。资本家阶级在差距缩小的时候与基本趋势一致,其后,一直保持着一定的差距水准,所以,也没有与总体趋势背道而驰。

旧中产阶级最近好像有些变化。1965 年到 1975 年期间他们的收入有所减少,逐步向工人阶级靠近,此后又开始上升,并拉开了与工人阶级之间的差距,与总体趋势保持一致。但是,到了 2005 年再度下降,2015 年进一步下降到与工人阶级之间的差距所剩无几。结合图表 2 - 5 的旧中产阶级整体的减少倾向来考虑,我们只能认为,旧中产阶级正处于衰退途中。

贫困率的动向更为明了。最为典型的就是旧中产阶级的贫困率,在 1955 年到 1975 年期间迅速降低,其后继续降低,直到 2005 年止降反升,2015 年上升到 19.0%。以中小微企业主为中心的资本家阶级,虽然其贫困率的水准总体上说是低的,趋势本身与旧中产阶级一样,到 1985 年为止是降低的,后来也有所上升。相比较而言,新中产阶级的贫困率本身极低,没有出现降低、上升的趋势。

工人阶级内部的"差距"

问题在于工人阶级。贫困率到 1975 年为止都是下降的,这以后从 1985 年开始上升,时间也与旧中产阶级差不多,一直到 2015 年再次下降。为什么呢? 这与工人阶级内部正规工人与非正规工人的性质差异急剧增加,工人阶级开始分裂为两大集团这一巨大的结构变化有关。

为了观察这一变化情况,图表 2 - 7 对 2005 年与 2015 年的正规工人与非正规工人(兼职主妇除外)的经济状态进行了比较。近年来,循着顺遂的职业经历在从原来的职场退休后依然作为特约或合同雇员继续工作的、经济基础非常稳定的非正规工人有所增加,为排除这类人群,故将调查对象限定在 59 岁以下。

图表 2 - 7　分裂的工人阶级

			2005	2015
个人年收入 (万日元)	男性	正 规	408.8	428.1
	男性	非正规	237.4	213.0
	女性	正 规	280.6	295.9
	女性	非正规	158.3	163.9
家庭年收入 (万日元)	男性	正 规	571.7	609.9
	男性	非正规	460.7	383.8
	女性	正 规	687.1	701.1
	女性	非正规	356.0	302.8
贫困率 (%)	男性	正 规	8.2	6.0
	男性	非正规	33.3	28.6
	女性	正 规	9.5	6.8
	女性	非正规	46.8	48.5

资料来源:根据 SSM 调查数据算出。对象为 20—59 岁
注:因为限制在 20—59 岁之间,所以与图表 3 - 1 的数字不符。

不管是个人年收入还是家庭年收入,正规工人的收入在增加。个人年收入男性增加了 19.3 万日元,女性增加了 15.3 万日元。家庭年收入当中,男性增加了 38.2 万日元,女性增加了 14.0 万日元。实际上在这十年间,所有的阶级男女平均个人收入减少了 8.4 万日元,家庭收入减少了 10.0 万日元,这一变化很值得关注。在整体收入持续减少的当下,只有正规工人的收入在增加。

那么非正规工人怎么样呢?只有女性个人的年收入有少许的增加,其他人都大幅度减少。男性非正规工人的个人年收入减少了 24.4 万日元,这当然很重要,然而更引人注目的是家庭年收入中男性减少了 76.9 万日元,女性也减少了 53.2 万日元。

贫困率也有变化。正规工人的贫困率男女都降低了。2015年的贫困率男性只有 6.0%,女性也只有 6.8%,可以说基本上与贫困无缘。相比之下,非正规工人的贫困率男性为 28.6%,女性为 48.5% 都很高。尽管家庭年收入大幅度减少,但是贫困率并没有上升,尤其是男性不升反降,这是因为单身的人增加了。

正规工人与非正规工人之间差距如此之大。但是像 SSM 调查的那样,凭着他们所采取的当面询问的方法进行调查,非正规工人,特别是单身的非正规工人的回答率是很低的。即使回答,也可能是非正规工人中生活比较安定的人们。因此非正规工人的困难状况也许会被低估。

"阶级以下"的存在:"下层阶级"的登场

虽说以前的工人阶级是处于资本主义社会底层的阶级,但他们拥有作为正式雇员的安定的地位,以制造业为中心一直保持着比较稳定的就业。与此相对照的是最近日益增加的非正规工人,他们就业不稳定,工资也远不及正式员工,而且,如下一章所见,他们甚至连结婚组织家庭都困难,他们与以往的工人阶级性质不同,开始形成了一个下层阶级。如果说,工人阶级是资本主义社会的最下层的阶级,那么非正规工人是"阶级以下"的存在,即可以称其为"下层阶级"。

下层阶级原本是英美圈的研究中创造出来的词汇,主要是指生活在大都市地区的少数民族贫困层。但是,在大多数发达国家的经济差距都在扩大的形势下,今天,它已经成为较为普遍存在的一个阶层了。拉尔夫 · 达伦多夫(Ralph Dahrendorf)曾将因福利国家的衰退而导致市民权被剥夺或受限制的人们称为下层阶级(《法与秩序》)。此外,斯科特 · 拉什(Scott Lash)认为,在工业向信息产业转换过程中,工人阶级中的一部分不得不向结构的下方流动,这些人将形成一个新的阶级,即下层阶级(《自反性现代化》)。还有,约翰 · 肯尼斯 · 加尔布雷思(John Kenneth Galbraith)指出,在当今发达社会,必然会形成一个"功能上不可或缺的下层阶级",他们将以很低的工资来接受被人们所嫌弃的苦差事,以支撑城市里的舒适的生活(《满足的文化》)。

下层阶级的上场标志着日本的阶级结构发生重大的转变。以往的现代社会是由一边是旧中产阶级,另一边是资本家阶级—新中产阶级—工人阶级三层重叠构成的四阶级结构。然而,由于工人阶级的内部形成的泾渭分明的分界线,资本主义部门变成了含有巨大落差的四层结构。由此日本社会转变为包括在以往的四个阶级之外又增加的一个名为下层阶级的新的"阶级"[1]在内的五阶级结构。我们将此称为"新型阶级社会"。详细阐述这一新型阶级社会的结构以及各阶级的状况将是后续各章的课题。

---

1. 正规工人与下层阶级,原本并非互不相干的阶级,而是工人阶级内部不同的两个集团。但是因为两者的性质差异太大,下层阶级已成为一个准阶级的存在。因此,后文原则上将下层阶级作为一个独立的阶级来对待,拟将日本的阶级结构设定为五阶级结构。

第三章
下层阶级与新型阶级社会

本章将根据数据资料阐明存在于现代日本的资本家阶级、新中产阶级、正规工人、下层阶级以及旧中产阶级等 4+1=5 个阶级分别为怎样的人、过着怎样的生活，以此来揭示现代日本的"社会形态"。若要结论先行的话，本章将要表现的是一个新的阶级社会的现实。在这个社会中，其他的阶级通过牺牲新的下层阶级来维持着各自的差距与差异，并保全各自的某种程度的安定的生活。

1 五个阶级概述

图表 3-1 总结了各阶级的基本特征。根据这些基本特征，再参照更为详细的统计结果，本章对各阶级进行简单地概述。关于支持的政党还是沿用调查时的名称。

（1）资本家阶级

资本家阶级人数 254 万人，占就业人口的 4.1%。其中女性比率为 23.6%，在五个阶级中是人数最少的阶级。这一阶级的人大部分为小微企业的经营者，雇员规模在 5—9 人的占 41.7%，10—29 人的占 32.1%，两者合计 73.8%[1]。每周平均劳

---

1. 有的资本家阶级家庭夫妇二人（0.6%）均为政府部门的工作人员，如国立机构的董事与地方议会的议员。在以往有关阶级的大多数研究中，这些管理型公务员也被纳入资本家阶级的范畴。

图表 3-1　4+1 阶级的特征

	资本家阶级	新中产阶级	正规工人	下层阶级（非正规工人）	旧中产阶级
人数	254 万人	1 285 万人	2 192 万人	929 万人（其他兼职主妇 785 万人）	806 万人
占总就业人员比例	4.1%	20.6%	35.1%	14.9%（其他兼职主妇 12.6%）	12.9%
女性比率	23.6%	32.6%	33.7%	43.3%	33.8%
企业规模　29 人以下	73.8%	16.1%	28.9%	33.2%	100.0%
企业规模　30—299 人	21.6%	30.2%	30.1%	26.8%	—
企业规模　300 人以上	4.0%	33.2%	35.0%	37.2%	—
企业规模　政府部门	0.6%	20.6%	6.0%	2.7%	—
周平均劳动时间	45.1 小时	43.4 小时	44.5 小时	36.3 小时	40.6 小时
个人平均年收入	604 万日元（雇员 30 人以上为 861 万日元）	499 万日元	370 万日元	186 万日元	303 万日元

	资本家阶级	新中产阶级	正规工人	下层阶级（非正规工人）	旧中产阶级
平均家庭年收入	1 060 万日元（雇员 30 人以上为 1244 万日元）	798 万日元	630 万日元	343 万日元	587 万日元
贫困率	4.2%	2.6%	7.0%	38.7%	17.2%
家庭资产的平均金额	4 863 万日元	2 353 万日元	1 428 万日元	1 119 万日元	2 917 万日元
其中金融资产的平均金额	2 312 万日元	946 万日元	572 万日元	536 万日元	1 113 万日元
无资产的家庭比率	3.5%	5.9%	14.5%	31.5%	11.1%
配偶关系（男性） 未婚	12.9%	18.0%	31.0%	66.4%	10.2%
配偶关系（男性） 有配偶	81.4%	79.4%	62.4%	25.7%	82.9%
配偶关系（男性） 离婚，死亡	5.7%	2.6%	6.6%	7.9%	6.9%
配偶关系（女性） 未婚	7.0%	22.5%	33.5%	56.1%	8.1%
配偶关系（女性） 有配偶	86.8%	68.2%	54.3%	—	77.5%
配偶关系（女性） 离婚，死亡	6.1%	9.3%	12.2%	43.9%	14.4%
大学或以上学历的比率	42.3%	61.4%	30.5%	27.7%	27.2%
对工作内容满意的人的比率	47.7%	37.8%	32.3%	26.3%	41.4%

（续表）

	资本家阶级	新中产阶级	正规工人	下层阶级（非正规工人）	旧中产阶级
对生活满意的人的比率	45.1%	36.3%	35.6%	18.6%	32.5%
自认为"比一般人好"的人的比率	56.2%	42.8%	26.5%	11.9%	31.0%
自认为幸福的人的比率	67.9%	64.1%	52.6%	38.4%	53.4%
工会参加率	—	28.9%	38.9%	13.8%	—
自民党支持率	47.4%	27.5%	24.1%	15.3%	35.5%
不支持任何政党的比率	35.1%	56.6%	61.3%	67.9%	46.0%

资料来源："人数"与"占总就业人数的比率"，根据"平成二十四年就业结构基本调查"算出。"女性比率"中下层阶级系根据"2015年SSM调查数据"算出，其他则根据平成二十四年就业结构基本调查"算出。女性比率以外的其他比率系根据"2015年SSM调查数据"算出，对象年龄为20—79岁。

注："下层阶级"与"上"与"中上"的合计，不包括兼职主妇(从事非正规用工的有配偶女性)。"认为自己'高于一般人'的比率"是回答"上"与"中上"的合计，"认为自己幸福的人的比率"是指在自己的幸福度10分为满分的提问中回答7分以上的人的比率。资本家阶级与旧中产阶级当中也有极少部分人参加了工会，数字就省略了。

动时间最长,为45.1小时,尤其是男性的劳动时间长达49.0小时(女性为37.4小时)。

资本家阶级人均年收入为604万日元。按通常的印象来说,资本家阶级的这一人均年收入是出乎意料的低。这里主要有两个原因。其一,当然是因为小微企业的经营者占了大部分的缘故,若将雇员人数规模限定在30人以上的话,则个人年收入就将高达861万日元。其二,它还包括有相当数量的低收入女性。资本家阶级女性的平均年收入仅为296万日元,而且其中大部分人的丈夫也同为资本家阶级,即家族经营的中小微企业,以丈夫为核心经营着企业,妻子名义上为董事,实际上她们的工作报酬极其微薄,这是非常常见的情形。所以,平均家庭年收入男性为1 070万日元,女性为1 039万日元,相差无几。另外,雇员规模若限定在30人以上,则平均家庭年收入就将上升为1 244万日元,高出许多。贫困率较低,仅为4.2%。

资本家阶级平均资产总额为4 863万日元,属于相当高的。尤其是金融资产的平均金额达到2 312万日元,远超其他阶级。总资产在1亿日元以上的人占16.4%,零资产的家庭占3.5%,几可忽略不计。股票、债券的持有率为41.0%,大大超过其他阶级平均16.5%的比率。此外,还拥有诸多其他财产,尤其是钢琴(38.7%)、洗碗机(48.7%)、体育运动俱乐部会员(21.0%)、美术品、古董品(27.1%)等,普及率极低的物品或高价品的拥有率极高。

有配偶率高,未婚男性占到12.9%。受高等教育的人占比42.3%,仅次于新中产阶级。

当然,这一阶级对工作和生活的满意程度也比较高。对工作的内容感到满意的人的比率占到47.7%,对生活满意的人的比率占45.1%,两者占比均为最高(还不包括"总而言之满意")。认为自己"高于一般人"的比率与认为自己幸福的人的比率也是最高,尤其是前者与其他阶级相比差距巨大。这一阶级对自民党的支持率达到47.4%,不支持任何政党的比率非常低,仅为35.1%。

如上所述,资本家阶级可以说是一个收入和资产颇丰、经济上富足、生活上满足、政治上保守的阶级。

(2)新中产阶级

新中产阶级人数为1 285万人,占就业人口的20.6%。女性比率不高,占32.6%。与同样雇员身份的正规工人和下层阶级相比较,这一阶级的特征是在29人以下的小微企业工作的人的比率较低,为16.1%,政府部门工作的人多一些,占20.6%。一周平均劳动时间为43.4小时,男性也就45.8小时,并不像人们通常所想象的那样长(女性一周劳动时间为39.3小时)。

人均年收入为499万日元,超出正规工人129万日元,这主要是由年龄和工龄导致的收入的增长所致。图表3-2即显示了这一状况。新中产阶级与正规工人在20多岁时几乎没什么差别,随着年龄的增长,其差别开始拉开了距离。显然,年功制很有代表性地更适用于新中产阶级。而且,这种情况主要适用于男性。图表3-2中,关于新中产阶级,男女是分别显示的,新中产阶级女性由年龄所致的年收入的增加是缓慢的,在大多数年龄段,其收入低于正规工人的平均水平。因此,女性的人均年

收入止于 338 万日元。但是,平均家庭年收入则达到了 798 万
日元,男性为 804 万日元,女性为 788 万日元,男女差别不大,贫
困率仅为 2.6%(男性 1.6%、女性 4.6%),贫困的风险男女都
较小。

图表 3-2　就业者的年龄与年收入

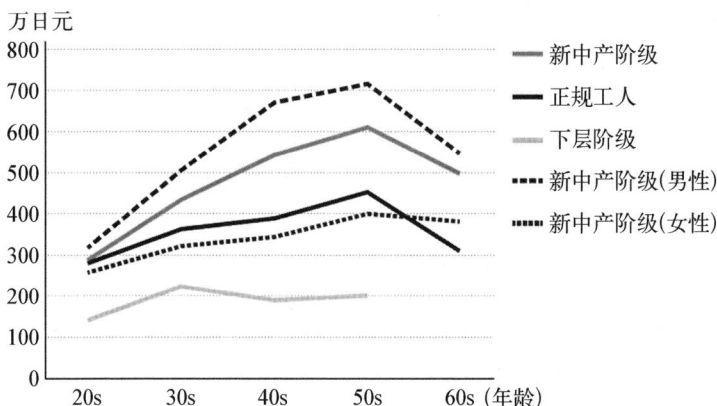

资料来源:根据 2015 年 SSM 调查数据算出

　　家庭资产平均为 2 353 万日元,其中六成左右为房产等不
动产,没有自住房的人的家庭资产平均仅为 935 万日元。拥有
的家庭财产等仅次于资本家阶级,尤其是在钢琴(32.8%)、洗碗
机(41.5%)等稍微有些奢侈的物品拥有率方面与资本家阶级差
别不大。另外,像电脑、平板电脑(95.2%)、高速互联网连接
(76.7%)等与信息化相关的机器设备的拥有率甚至超过了资本
家阶级,达到最高水平。男性约八成已婚,女性约七成已婚,未
婚的人约占两成。学历很高,受过高等教育的人达到了 61.4%。
这说明,要成为新中产阶级必须要有高学历。

对工作和生活的满意度较高,仅次于资本家阶级。认为自己"高于一般人"的比率达到42.8%,虽不及资本家阶级满意度高,但与其他阶级的差距较大。认为自己幸福的人的比率也达到了64.1%的高水平。就这样过着仅次于资本家阶级富裕生活的新中产阶级在政治上却未必是保守的,对自民党的支持率相对较低,仅27.5%。对民主党(6.0%)与共产党(2.6%)的支持率比其他阶级稍微高一些,而且,28.9%的人还加入了工会。

由此可见,新中产阶级是一群高学历、精通信息设备、高收入、生活富裕的人们。就此而言,他们与资本家阶级以外的其他阶级相比显然具有优越性,在目前的这种差距结构中是具有既得权利的阶级,值得注意的是,他们在政治上未必是保守的。

(3)正规工人

正规工人有2 192万人,占到就业人口的35.1%,是规模最大的阶级。他们均衡地分布在从小微企业到大企业等规模不同的企业中。每周平均劳动时间为44.5小时,按男女分别来看,男性为46.7小时,女性为41.4小时,男性劳动时间稍长,超过40小时的人(不包括40小时)占到了57.7%,21.2%的人甚至超过了50小时。这一比率在新中产阶级男性中分别为49.7%和18.5%,由此可见,男性正规工人超时间劳动要多于新中产阶级。

人均年收入为370万日元,但是男女之间差别很大,相较于男性的421万日元,女性仅为293万日元。但是从平均家庭年收入来看,男性为596万日元,女性则超过男性,为687万日元之多。这是因为,大多数女性正规工人都是双职工,仅看已婚女性的数据,家庭年收入甚至高达 763 万日元(而已婚男性却只有 629 万日元)。令人瞩目的是这个阶级的个人年收入和家庭年收入都已超过了旧中产阶级。因此,贫困率不高,仅为 7.0%,男性 7.0%,女性 6.9%,男女间没什么差别。

平均资产总额稍微少一点,为 1 428 万日元,另外,大部分资产就是房产等不动产,所以没有房产的人的资产只有区区的 406 万日元。家庭财产等的所有率总体上比较低,尤其是钢琴 (20.4%)、高速互联网连接(61.4%)等的拥有率与新中产阶级之间差距较大。

尽管如此,这一阶级对自己的工作和生活的满意度还是很高的,与新中产阶级差距不大。只是认为自己"高于一般人"的人占 26.5%,认为自己幸福的人占 52.6%,比率较低,这两方面与新中产阶级差距较大。对自民党的支持率较低,为 24.1%,仅高于下层阶级,对在野党的支持率总体上都低,很多人甚至没有支持的政党,所以,似乎也不能说他们是明确反对自民党。虽然加入工会的比率稍微高些,为 38.9%,但是对民主党的支持率仅为 4.7%,对共产党的支持率为 1.7%,低于总体平均水平。

由此可见,占到就业人数最多的正规工人理应成为资本主义社会中的下层阶级,他们虽不至于"高于一般人",但还是获得了应有的收入水平与生活水准,是对生活基本满意的阶级。

(4)下层阶级

下层阶级(除兼职主妇以外的非正规工人)约 929 万人,超过旧中产阶级的 806 万人,占到就业人口的 14.9%,目前已成为资本主义社会的要素之一。[1]其人数 2002 年时为 691 万人，2007 年时为 847 万人，在五个阶级中是唯一一个人数剧增的阶级。女性比率 43.3%，也是女性比率最高的阶级。

他们与正规工人一样，广泛地分布于各种不同规模的企业。从职业种类看，男性从事体力劳动的约占六成，为 57.9%，其余的大多从事服务与销售。女性主要从事文秘、销售、服务、体力劳动，各为四分之一。为了更详细地考察职业种类，根据 2015 年 SSM 调查数据，在此列出 10 人以上的职业种类，主要有：销售店员（47 人），总务企划文秘（20 人），厨师（18 人），服务员（18 人），清扫员（15 人），超市等的出纳员或收银员（13 人），仓库保管员、行李员（12 人），营业、销售文秘（11 人），护理员、帮工（11 人），其他劳务工作（10 人）等 10 个职业种类。加上销售店员与非正规的文秘职务，可以说为经济活动和人们的生活提供便利的，离不开形形色色的服务业与体力劳动者们。

每周平均劳动时间为 36.3 小时，与其他行业相比较短，但是实际上其中的 50.9%（男性 57.1%、女性 45.9%）的人每周工作长达 40 小时以上，半数以上的人的劳动时间与全日制工人没什么两样。

人均年收入极低，仅为 186 万日元。平均家庭年收入达到

---

1. 只是其中还包括第二章提到的合同雇员，他们在相当长的时期里都具有作为新中产阶级或正规工人的工作经历，后来才成为合同雇员。这些人相当有可能有着安定的生活基础，所以，严格的意义上讲，不能把他们列入下层阶级。为此，本文运用了可通过不同年龄进行详细分析的 SSM 调查数据及 2016 年首都圈调查数据进行分析，将下层阶级限定在 59 岁以下。另 60—69 岁的男性非正规工人约为 104 万人（根据《平成二十四年就业结构基本调查》算出）。

343 万日元,这也是因为有同居家属的部分中等收入家庭而导致提升的平均值,63.8%的家庭不满 350 万日元,更有 24.1%的家庭不满 200 万日元。因此,这一阶级的贫困率极高,达到了 38.7%[1],尤其是女性,达到了 48.5%,丧偶的女性甚至达到了 63.2%。平均资产总额为 1 119 万日元,其中仍然是房产占了大头,没有房产的人的资产总额平均只有 315 万日元。没有任何资产的人也占到了 31.5%,贫困特征显著。家庭财产等的拥有率总体上也是低的,尽管如此,浴缸、冰箱、电话等生活必需品的拥有率还是超过了 97%。

　　下层阶级最为显著的特征是男性有配偶者很少,女性丧偶者居多。男性有配偶的人只有 25.7%,未婚者高达 66.4%。由此可见,下层阶级男性要结婚成家何其困难。而女性在已婚的定义下已列入兼职主妇之列,故此处所指的女性均属无配偶者,其中,离婚或丧偶的比率随着年龄的增长而提高,20 多岁的人群占 11.5%,30 多岁的人群占 37.5%,40 多岁的人群占 60.9%,50 多岁的人群占 80.0%。一直未婚并延续着下层阶级身份的女性人数相当多,同时还可发现不少已婚女性在经历了离婚或丧偶之后落入下层阶级的情形。

　　下层阶级对工作和生活的满意度总体上比较低。对工作内容满意的人只有 26.3%,对生活满意的人只有 18.6%,与其他的阶级相比这一比率特别低。尤其是男性对工作满意的人只有

---

1. 约六成的下层阶级成员与其父母生活在一起,在这种情况下,有一些人不知道父母的收入,因而家庭收入往往不明。家庭收入不明就无法计算贫困率,所以可以进行贫困率计算的样本中没有与父母同居生活的人的比率就比较高了。为此,这一阶级的贫困率有可能被高估。但是,即使仅对与父母同居生活且家庭收入明确的样本进行计算,贫困率也高达 30.3%,所以,误差应该并不是很大。

18.4%（女性32.8%），对生活满意的人更低，只有13.8%（女性22.5%）。认为自己"高于一般人"的人只有11.9%，男性的占比更是低到6.0%（女性16.8%）。认为自己幸福的人的比率也只有38.4%，男性更低达30.2%（女性为45.3%）。下层阶级，特别是下层阶级男性怀有强烈的不满，似乎深感自己在逆境中勉强度日。

对自民党的支持率最低，仅为15.3%。这或许同他们中多达67.9%的人没有任何支持的政党有关，而支持自民党以外的政党的人的比率稍高，达16.8%，这也是五个阶级中唯一支持率超过自民党的阶级，由此可以看出这一阶级对自民党的反感程度之强烈。

在2015年SSM调查中，有一道题目是要求受访者分别回答对自民党等五个政党的好感度，即在0度到100度之间的10个刻度分成的11段中回答好感度在哪一段，根据统计结果，对自民党的好感度回答60度以上的人的比率是：资本家阶级为54.4%，新中产阶级为37.9%，正规工人为31.9%，下层阶级为23.8%，旧中产阶级为41.0%，下层阶级的好感度是最低的。工会参加率虽说也比较低，只有13.8%。但是有一种观点认为，非正规劳动者过去一向很少被视为工会的组织对象，从这一情况来看，下层阶级参加工会的比率倒也不能算很低了。实际上这一比率在2005年SSM调查中还只有3.7%，所以可算是大幅度上升了。

由此可见，下层阶级收入水平、生活水平都极低，甚至被排斥在一般的成家立业之外，心中怀有诸多的不满，是现代社会的最下层的阶级。

（5）旧中产阶级

旧中产阶级由自营业者与家庭从业者组成，总数在806万人。如图表2-5所示，直到1960年左右都是最大的阶级，今日已经缩至规模只占就业者中的12.9%。女性占比33.8%，男性的94.5%是经营者、董事或自营业主，而女性的这一比率却止于约半数的50.9%，其余的都是家庭从业者。

人均年收入为303万日元，但是男女之间差别较大，男性为384万日元，女性只有174万日元。这种情形与资本家阶级女性一样，有配偶的旧中产阶级女性中没有收入的人占4.7%，即使有收入也不足100万日元的人占34.7%。还有相当一部分人没有回答，大多数的情形是女性即使一起支撑家业，也可能是完全不拿报酬，或者只拿一点点，又或者没有固定形式的报酬。

旧中产阶级平均家庭年收入为587万日元，接近正规工人的水平，因为内部差距巨大，所以，贫困率高达17.2%。平均家庭资产2917万日元，仅次于资本家阶级。拥有的家庭财产等也颇具特点，洗碗机（29.3%）和DVD（70.4%）等新式家电产品的拥有率较低，但是体育运动俱乐部的会员资格（8.0%）、美术品、古董（16.5%）等的拥有率之高却仅次于资本家阶级，有一种与资本家阶级保持一致的感觉。

也许由于所谓的"一国一城之主"[1]的性质，这一阶级对工作满意的人的比率相当高，达到41.4%，也是仅次于资本家阶级，但是对生活的满意度却并不高，稍稍低于正规工人。如图表2-6所示，旧中产阶级的收入水平近年来越发下降，差不多跌

---

1. "一国一城之主"原意是指"拥有一个国家或一个城池的人"，就此意而言，他是一个拥有可以不受别人援助或干涉的独立领地的人。在此意指旧中产阶级拥有的家族企业完全属于个人或家族的所有，他们就是其企业（领地）的主人。——译者注

至包括下层阶级在内的工人阶级的水平,差不多还要低于正规工人。与此同时理应成为传统的"中产阶级"的旧中产阶级可以说反而有着更强烈的下层阶级的性格。

对自民党的支持率高达 35.5%,政治上比较保守。这也是源于这个阶级与资本家阶级一样长期以来一直是自民党的基本力量。只是旧中产阶级对自民党的支持率曾经与资本家阶级持平,1965—1985 年期间,差不多快接近六成,现在已经大大下降,可以说已经与资本家阶级相去甚远。现实中,关于他们对政党的支持率,对民主党的支持率为 6.8%,对共产党的支持率为3.3%,与其他阶级相比都处于最高水平。

由此,旧中产阶级既是传统的"中产阶级",但在规模上却呈现出持续缩小的趋势,这一阶级日渐衰退,其政治性格也在不断变化。关于这一点,包括其他阶级的政治意识的动向在内,将在第六章做进一步的探讨。

2 工作的世界

"设想"的劳动与"实施"的劳动

分属于不同的阶级,其工作的性质、工作的状态自然也大相径庭。关于这一点,若按美国的劳动研究学者哈里·布雷弗曼(Harry Braveman)提出的"设想与实施的分离"的图式去考虑就更简单明了了。

布雷弗曼认为,本来人类的劳动是由劳动本身即"实施"与先于实施、引导实施的"设想"构成的。对于听凭本能而行动的动物来说,设想与实施是没有区别的,两者浑然一体(类似于黑猩猩那样的具有高度智能的类人猿或许有区别,在此暂且按下不表)。但是,设想与实施的分离是有可能的。因为用他的话来说,"设想必须在之前规范实施,但是,其他人将某人设想的观念付诸实施的可能性也是存在的"(布雷弗曼《劳动与垄断资本》)。如此一来,以下的结构也是能够成立的,即一小部分人从事制订计划,做出决定,设计方案等与设想有关的劳动,并根据这样的设想指挥和监督其他大多数工人,让其从事与实施有关的劳动。

不同的阶级在设想与实施这两种劳动中所处的位置也是不同的。自己拥有生产手段,并将其运用于自己的劳动的旧中产阶级同时承担了设想与实施两个功能。与之相比,资本家阶级则因为企业规模的不同,基本上承担着与设想有关的劳动,尤其是这种有关设想的劳动非关事业中的琐碎部分,而是统观全局的高层次的设想。而新中产阶级则是在资本家阶级的指挥下承担有关中层设想的劳动,工人阶级则是在新中产阶级的指挥下承担与实施相关的劳动。用布雷弗曼的话来说,不同的阶级有着不同的"劳动过程"。

这种劳动过程的差异与收入或生活水平一样,可以说是各个阶级之间最大的差异之一。因为,它关系到能否感知劳动的意义与价值,能否通过劳动达到自我实现。一般说来,与设想相关的劳动是能够体现自己的意志的有价值的劳动。相反,与实施相关的劳动仅仅是化人为人手的劳动,劳动本身的意义就很难感受到。马克思称这种劳动为"异化了的劳动"。

被淘汰的下层阶级

在 SSM 调查中有若干有关劳动过程的差异的提问。图表
3－3 就是按阶级对这些提问的回答。

图表 3－3　所属阶级与劳动过程

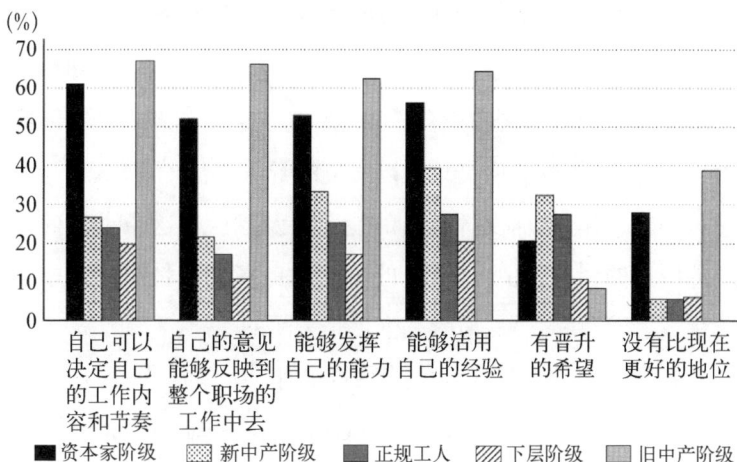

资料来源：根据 2015 年 SSM 调查数据算出。20—69 岁（下层阶级 59 岁以下）
注：回答"相当吻合"的人的比率。

在"自己可以决定自己的工作内容和节奏""自己的意见能
够反映到整个职场的工作中去"这两个项目中，拥有生产手段
的非雇员身份的资本家阶级、旧中产阶级与雇员身份的新中产
阶级、正规工人以及下层阶级的态度可谓泾渭分明。

作为生产资料所有人的前者，他们可以自己决定劳动的状
态，承担与设想相关的劳动，而作为雇员的后者就不能这样。面
对"能够发挥自己的能力""能够活用自己的经验"这样的问题，
资本家阶级与旧中产阶级中的绝大多数回答"相当吻合"也是
顺理成章的结果。因为只有承担与设想相关的劳动，才能发挥

自己的能力,活用自己的经验。看到这些就会明白,为什么有那么多人即使没有一定要让事业成功,成为有钱人的自信,也会抛弃受雇的职位而选择独立或创业的道路。

但是,同样处于雇员身份的新中产阶级、正规工人和下层阶级之间,却有着重大的差异。从能够参与与设想有关劳动的程度来说,新中产阶级是最高的,下层阶级是最低的。与此相应地能够发挥能力的机会和用自己的经验的机会也是新中产阶级最多,下层阶级最少。雇员只能以雇员的身份,努力争取从事与设想有关的工作,从而发挥自己的能力以及经验。这条上升的通道即所谓的晋升。但是,晋升的可能性更多地也是面向新中产阶级,这条道路对下层阶级基本上是关闭的。

各阶级在工作和生活上的自由度也有很大差异(图表3-4)。

图表3-4　所属阶级与生活的自由度及待遇

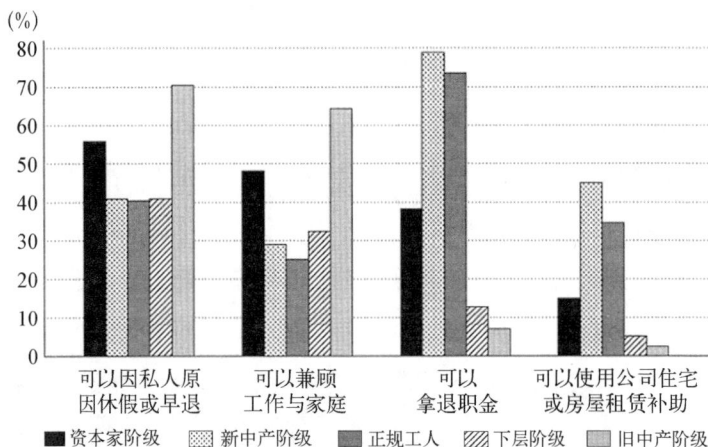

资料来源:根据2015年SSM调查数据算出
注:就"可以因私人原因休假或早退""可以兼顾工作与家庭"的提问,回答"相当吻合"的人的比率。

作为生产资料所有者的资本家阶级和旧中产阶级较容易在工作与私人生活中获得平衡。回答"可以因私人原因休假或早退""可以兼顾工作与家庭"的人的比率与雇员相比高出好多。资本家阶级比旧中产阶级稍微低一些,是因为资本家阶级中还包含了一部分受雇的经营者。

而退职金和公司住宅、房屋租赁补助等面向雇员的补偿制度除了一部分受雇经营者外,基本上与资本家阶级和旧中产阶级没什么关系。但是这些制度在新中产阶级、正规工人以及下层阶级之间差异实在太大。下层阶级中可以领取退职金的只有13.0%,可以用公司住宅和有房屋补贴的仅有5.2%。下层阶级可以说几乎完全被面向正规雇用的制度排斥在外了。

3 成长过程与求学经历

世袭的倾向

接下来比较一下分属五个阶级的人们的出身家庭与在校经验(图表3-5)。

图表3-5 五个阶级成员的成长与在校经验

		资本家阶级	新中产阶级	正规工人	下层阶级(非正规工人)	旧中产阶级
父亲所属阶级	资本家阶级	28.5%	7.6%	5.6%	5.2%	8.1%
	新中产阶级	15.8%	37.5%	21.6%	23.0%	14.8%
	工人阶级	17.6%	30.8%	43.8%	47.2%	18.9%
	旧中产阶级	38.0%	24.1%	29.1%	24.5%	58.2%

		资本家阶级	新中产阶级	正规工人	下层阶级（非正规工人）	旧中产阶级
15 岁时的状况	家里书籍只有不到 25 册的人的比率	44.5%	31.1%	48.4%	53.7%	56.1%
	成绩好的人的比率	41.0%	50.2%	25.2%	20.1%	33.3%
最终学校肄业的人的比率		4.5%	3.5%	5.1%	12.0%	8.3%
毕业后马上就业的人的比率		83.8%	87.2%	88.0%	66.7%	76.0%
在学校遭遇过欺凌的人的比率		8.3%	18.1%	14.9%	31.9%	15.8%
非因生病而经常逃学的人的比率		3.7%	1.8%	2.9%	9.9%	5.5%

资料来源："父亲所属阶级""15 岁时的状况"在 2015 年 SSM 调查数据中，对象年龄为 20—79 岁（下层阶级为 20—59 岁）。其他在 2016 年首都圈调查中，对象年龄为 20—69 岁（下层阶级为 20—59 岁）

注："成绩好的人的比率"是"好""较好"的合计。"毕业后马上就业的人的比率"指在毕业后 1 个月内就业的人的比率。

　　关于父亲所属阶级，不同的阶级差异甚大。父亲为资本家阶级的人的比率在其他阶级中只占几个百分点，但是在资本家阶级中却达到前所未有的高度，高达 28.5%，可以看出资本家阶级具有世袭的属性。而且这一比率男性甚至达到 34.9%（女性达到 16.3%），或许是因为中小微企业的经营者通常会让儿子而非女儿继承公司吧。

　　但是，人们极易同父亲同属一个阶级，这在其他阶级也是一样的。与资本家阶级同样被认为是以家业为背景世袭来的旧中产阶级,他们中有 58.2% 的人的父亲也是旧中产阶级。此外,作为雇员的新中产阶级与工人阶级,其阶级所属某种程度上也呈现出子女继承父辈的倾向。新中产阶级的父亲 37.5% 也属于新中产阶级,超过了工人阶级的 30.8%。上一代为下层阶级的并不多见,所以父亲所属阶级未区别正规工人与下层阶级,据此正规工人的 43.8% 和下层阶级的 47.2%,其父亲也属于工人阶级,稍微超出新中产阶级的 30%。

原生家庭的环境也有很大差异。SSM 调查选取了 15 岁(相当于中学三年级)孩子的家庭进行了一些提问,因为这是决定孩子今后成长道路的重要年龄阶段。其中一题问到当时家中所有的书籍数量(杂志、教科书、漫画等除外),调查结果显示,家中书籍很少(不足 25 册)的人当中,新中产阶级只有 31.1%,正规工人有 48.4%,下层阶级高达 53.7%。这里可以看出原生家庭是否具有喜好读书的文化氛围。可能就是这种文化氛围造成了所属阶级的差异。同样的,成绩好的人的比率新中产阶级为 50.2%,而正规工人却只有 25.2%,下层阶级更只有 20.1%。当然,家庭环境和在学校的成绩也与父亲所属的阶级有关,它极容易导致新中产阶级的孩子还是新中产阶级,工人阶级的孩子还是工人阶级的结果。像这样阶级所具有的由父辈向子女辈传承的倾向将在下一章中详细探讨。

从辍学到成为下层阶级一员

下层阶级中有很多在最终学校辍学的人,其比率为 12.0%,约为其他阶级的平均的 2.2 倍。尤其在男性中这一比率达到 14.3%（女性为 10.8%）。相反不管最终学校是否毕业，再来看看所属阶级，下层阶级构成比率中，毕业的人占 6.2%，辍学的人占 17.0%。显然，学校辍学对确保安定的工作具有很大的负面影响。此外，学校毕业后能否顺利就业也很重要。新中产阶级中毕业后马上就业的人的比率占到 87.2%，正规工人中高达 88.0%，下层阶级中只有 66.7%。在统一招聘应届生的传统根深蒂固的日本，从学校毕业后不马上就业将后患无穷。

值得注意的是，下层阶级中在学校遭遇过欺凌的人的比率很高。这一比率在资本家阶级中只有 8.3%，其他阶级中为百分之十几，而在下层阶级中竟有 31.9%。或许与此有关，非因生病而经常逃学的人的比率在其他阶级也就 2%—5% 左右，而下层阶级竟高达 9.9%。很显然欺凌和逃学的经历与其成为下层阶级一员的结果是有着因果关系的。

4　健康状态的阶级差别

体格也有阶级差别

身心的健康状态也可以看出由所属阶级导致的种种差别。图表 3‑6 汇总了这一情况。

首先来看健康状态不佳的人的比率，资本家阶级为 12.6%，新中产阶级较低，为 11.1%，而正规工人有 15.0%，旧中产阶级较高，有 18.4%，但是，最引人注目的还是下层阶级，竟高达 23.2%。

図表 3-6　健康状态与压力

	资本家阶级	新中产阶级	正规工人	下层阶级（非正规工人）	旧中产阶级
健康状态不佳的人的比率	12.6%	11.1%	15.0%	23.2%	18.4%
平均身高（男性.cm）	173.2	171.5	170.9	169.4	170.8
平均体重（男性.kg）	72.9	68.1	69.7	65.8	69.6
平均身高（女性.cm）	159.2	158.5	158.4	157.2	157.9
平均体重（女性.kg）	53.2	54.1	52.1	53.6	51.2
接受过高脂高胆固醇血症的诊断和治疗的人	25.3%	16.2%	11.0%	10.0%	14.1%
接受过抑郁症及其他精神疾病的诊断和治疗的人	7.5%	8.0%	7.2%	20.0%	8.7%
因抑郁等心理原因而无法正常工作或正常活动的人所占的比率	13.8%	14.1%	16.7%	28.2%	16.1%
感到绝望的人的比率	10.8%	12.7%	14.7%	26.8%	16.8%
曾有过情绪低落，做任何事都感觉不好的人的比率	12.7%	16.4%	19.1%	31.0%	12.5%
曾有过自己一文不值的感觉的人的比率	4.5%	9.2%	16.8%	24.6%	9.0%

资料来源：根据 2016 年首都圈调查制表。调查对象年龄为 20—69 岁（下层阶级为 20—59 岁）。只是"平均身高""平均体重""高脂高胆固醇血症""抑郁症及其他精神疾病"都只查 20—59 岁的调查对象

注1："健康状态不佳的人的比率"是"不太好"和"不好"的合计。"因抑郁等心理原因而无法正常工作或正常活动的人所占的比率""感到绝望的人的比率""曾有过情绪低落，做任何事都感觉不好的人的比率""曾有过自己一文不值的感觉的人的比率"都是"总是""经常""偶尔"的合计。

注2：男性的身高在与下层阶级做比较时，采用统计学上的有意差，资本家阶级为 0.1% 水平，新中产阶级为 5% 水平，正规工人为 10% 水平（旧中产阶级无有意差）。体重同样也采用了有意差，资本家阶级为 1% 水平，新中产阶级为 20% 水平，正规工人 5% 水平，旧中产阶级也有 10% 水平的有意差。

令人惊讶的是似乎体格也会有阶级引起的差别。女性中看不到特别明显的差别，但是男性中的差别却是显而易见的。从

身高来看,资本家阶级最高,新中产阶级与正规工人次之,下层阶级是身高最矮的。资本家阶级与下层阶级之间身高竟相差3.8厘米。体重也是资本家阶级最重,正规工人、旧中产阶级以及新中产阶级次之,下层阶级体重最轻。资本家阶级与下层阶级之间,体重相差7.1公斤。

2016年首都圈调查中,就"高血压""糖尿病""高脂高胆固醇血症""抑郁症及其他精神疾病"等四种疾病或状态曾提出是否接受过诊断和治疗的问题。其中"高脂高胆固醇血症"和"抑郁症及其他精神疾病"等两项可以看出明显的阶级间的差别。

接受过"高脂高胆固醇血症"诊断和治疗的人的比率,资本家阶级最高,为25.3%,其次是新中产阶级和旧中产阶级这两个中产阶级,正规工人较低,下层阶级更低。资本家阶级当中高龄人士很多,下层阶级当中年轻人居多,有年龄差异导致的可能性,所以样本限定在40岁以上59岁以下,统计结果显示相同。

从这些调查数据无法探查到原因,但是,或许高收入的资本家阶级更易亲近美食,而下层阶级更易食用粗茶淡饭。只是对"饮食是否注意营养均衡"的提问,回答"是的"的人的比率,资本家阶级最高,为29.7%,下层阶级最低,仅为14.2%。"定期进行体育运动"的人的比率也是资本家阶级最高,达30.6%,下层阶级最低,达9.9%。

抑郁症倾向

关于"抑郁症及其他精神疾病"的回答尤为引人注目。接受过诊断和治疗的人的比率,大多数阶级在7%—8%左右,只有下层阶级比较突出,达到20.0%。这里基本上没有男女差别,男性为20.8%,女性为19.6%。从年龄层来看,年轻人比率较高,20多岁的人达到30.8%,比率最低的50多岁的群体比率也有13.2%。

这一调查中也设定了几个检测抑郁症倾向的提问。即图表3-6中最后4个问题:"因抑郁等心理原因而无法正常工作或正常活动""感到绝望""曾有过情绪低落,做任何事都感觉不好""曾有过自己一文不值的感觉"。结果一目了然。有过这些状态的人的比率中下层阶级的数据尤为突出,每个项目都有25%到30%,大大超过其他阶级,有的项目甚至达到3至5倍。

5　社会资本与焦虑

参加同学聚会也有所不同

社会资本(Social capital)是最近常用的一个词汇,是指人们所拥有的与他人的信赖关系和人际关系网络。在日语中译成日文汉字"社会资本"后极易同表现公路、港湾那样的社会基础设施的词语混为一谈,所以经常用片假名(ソーシャル・キャピタル)来表示。社会资本被认为具有支撑人们的生活,缓和人们的焦虑情绪,保护人们免受各种压力和麻烦的侵扰的效果。然而,社会资本也因不同的阶级和阶层而有量和质的差别。

图表3-7显示了亲和且可依赖的家人、亲属,朋友、熟人的

人数,参加团体活动的状况,以及对 5 个领域的状况"感到特别焦虑"的人的比率,以此来了解由阶级导致的社会资本的差别及其结果。

图表3-7　社会资本与焦虑

		资本家阶级	新中产阶级	正规工人	下层阶级(非正规工人)	旧中产阶级
亲和且可依赖的家人、亲属人数	全　体	8.5	6.8	7.7	4.8	7.5
	男　性	9.2	6.7	8.5	4.9	7.6
	女　性	7.1	7.1	6.4	4.7	7.2
亲和且可依赖的朋友和熟人人数	全　体	20.7	7.8	8.6	5.0	9.0
	男　性	26.3	7.2	9.1	3.2	9.5
	女　性	8.2	9.2	7.8	6.0	8.1
参加活动的人的比率	居委会	29.7%	22.2%	20.8%	11.3%	32.4%
	学校毕业生组织(同窗会等)	30.6%	18.6%	9.1%	9.2%	12.7%
	兴趣或体育小组	34.2%	27.5%	24.1%	13.4%	25.4%
感到特别焦虑的人的比率	家庭经济状态	13.6%	13.6%	20.7%	35.9%	21.8%
	自己的健康	10.9%	8.8%	10.1%	17.6%	9.5%
	家属的健康	11.9%	12.9%	13.8%	23.9%	17.1%
	灾害的危险	14.5%	15.9%	16.8%	24.6%	21.1%
	将来的生活	13.6%	19.4%	29.0%	50.4%	25.9%

资料来源:2016 年首都圈调查。对象年龄 20—69 岁(下层阶级为 20—59 岁)

不同的阶级,亲和且可依赖的人数是大不相同的。光看女性的话可能会有部分的逆转,但是从整体上来看,资本家阶级拥有最多可依赖的人,新中产阶级、正规工人、旧中产阶级处于中间位置,下层阶级可依赖的人最少。家人、亲属的话,其他阶级有 7—8 人,下层阶级只有 4.8 人。至于朋友和熟人人数差距就更大了,资本家阶级有 20.7 人,其他阶级也有 8—9 人,但是下层阶级却只有 5.0 人,尤其是男性更少,只有 3.2 人(女性有 6.0 人)。

参加团体活动的状况也大不相同。参加率较高的 3 种团体的调查结果显示,居委会的话,资本家阶级与旧中产阶级参加率最高,达 30% 左右,新中产阶级与正规工人达 20% 左右,而下层阶级却只有 11.3%。在学校的同窗会等,资本家阶级的参加率高达 30.6%,新中产阶级为 18.6% 次之,旧中产阶级稍低,而正规工人与下层阶级基本都在 9% 左右。

或许资本家阶级、新中产阶级中大学毕业者居多,所以参加同窗会的人也多,但是,局限于对受过高等教育的人进行的统计依然显示出巨大的阶级差别,资本家阶级为 34.2%,新中产阶级为 20.8%,下层阶级仅为 10.3%。而且在兴趣和体育小组活动时,参加率高达 34.2% 的资本家阶级远超只有 20% 左右的新中产阶级、正规工人、旧中产阶级以及只有 13.4% 的下层阶级,其差距十分突出。

再从平时一直怀有焦虑感的情况来看,总体上说,资本家阶级与新中产阶级焦虑较少,正规工人与旧中产阶级对家庭经济与未来抱有某种程度的忧虑,而下层阶级则对所有的领域都怀有强烈的不安。阶级间在焦虑感方面的差异也是非常之明显的。对家庭经济怀有强烈的忧虑的人的比率在资本家阶级与新中产阶级中占 13.6%,正规工人与旧中产阶级中占 20% 左右,但是下层阶级则高达 25.9%。此外,对未来的生活抱有强烈的忧虑的人的比

率在资本家阶级与新中产阶级中约 10%，正规工人与旧中产阶级
达到 20%左右，而下层阶级则超过了半数，达到 50.4%。

6　悲哀的下层阶级——四对一的阶级结构

重大事实

正如第二章中已经明确的，资本主义社会的阶级结构就是
资本家阶级立于顶层，工人阶级处于社会的底层，在两者之间是
新旧两个中产阶级的位置。资本家阶级对新中产阶级与工人阶
级而言，是由上而下直接支配的地位，对旧中产阶级而言则是以
其所拥有的大量的生产手段而立于优越的地位。所以资本家阶
级是资本主义社会的统治阶级。从这一观点来看，资本主义社
会中"资本家阶级"与"其他三个阶级"可以说是处于对立的关
系，即一对三的阶级结构。

然而，其他三个阶级间的差距是巨大的。即使看其经济上
的差距，新中产阶级与正规工人之间的差距也很大，个人年收入
方面的差距达到近四成，家庭年收入方面的差距达到近三成。
所以，认为自己"高于一般人"的人或认为"自己是幸福"的人的
比率也有相当大的差异。旧中产阶级的经济状态近年来持续恶
化，与包括下层阶级在内的整个工人阶级之间的差距在缩小。
尽管如此，旧中产阶级拥有较多的资产，另外，他们从事着与
"设想"相关的有意义的劳动等，在很多方面都处于比工人阶级
优越的地位。所以工人阶级并没有失去作为资本主义社会的下
层阶级的性质。

但是，诚如上述，工人阶级的内部也产生了巨大的差距，正规工人与下层阶级的异质性越来越大。两者间的收入约有两倍之差，贫困率有五倍左右的差距。尤其是如果着眼于图表3－6与图表3－7所显示的健康状态与压力、社会资本以及焦虑等方面的话，不如说，包括资本家阶级到正规工人在内的四个阶级与下层阶级之间的异质性更为显著。那就是，既是如字面意义或者事实所显示的差异，也是能够维持生活的安定，没有严重的焦虑，怀有一定的满足感和幸福感生活着的人们与并非如此的人们的差异。

若果真如此，可以说现在从资本家阶级到正规工人，他们一边保持着相互之间的对立的利害关系与差距，同时形成了一个整体，立于下层阶级之上，统治和压迫着下层阶级。这就是所谓的四对一的阶级结构。

下层阶级身处社会底层，从事着低工资的体力劳动，以此支撑着其他大多数人们的生活。长时间营业的餐饮业、便利店、供应廉价优质的日用品的折扣店、随叫随到的宅急送流通机构、任何时候都美观舒适的办公大楼和购物中心等大多数现代社会的便利性和舒适感都是由下层阶级的低工资劳动才得以实现的。但是他们常怀对身体健康的忧虑，尤其易受精神问题的折磨，看不到未来。而且，他们缺乏社会资本的积累，被置于无防备的状态。他们就是在这种与其他四个阶级之间存在着决定性的差距之下苦苦挣扎的下层阶级。这一事实亟须认真地对待。

第四章
阶级是否已经固化

关于差距社会一个很大的争论焦点是"差距的固化"。即原生家庭很富裕的人多数也很富裕,原生家庭贫困的人多数自然也很贫困,即所谓的差距已经越代固化的问题。这种固化趋势的存在本身已经得到长期以来的许多研究的证实,问题在于这一趋势是否越来越强。

父辈间的差距若是扩大,肯定会对孩子的环境产生影响,差距的固化趋势很有可能进一步加强。那么在现实中,能否说现代日本的这种差距的固化也在发展当中呢?最新数据显示,普通工人家庭的孩子正在快速地失去通过晋升或独立开业而成为资本家阶级的机会,这就是社会现实。

1 财富链与贫困链

社会流动研究

父辈的富裕会影响到孩子们。富人的孩子们在优越的环境中成长,穷人的孩子们在贫困的环境中长大。富人的孩子们在优越的学习环境中掌握学习能力,理所当然地上大学继续深造。相反,学习环境不理想的穷人的孩子们则失去了上大学的机会。而能否大学毕业对其今后的人生影响深远。

这样长大成人后,富人的孩子们自己就能过上富裕的生活,而穷人的孩子们则只能继续过着贫困的生活。富裕与贫困都从父辈传承给了孩子。这种趋势很久以前我们就已经有所了解。如果现在差距进一步扩大,结果会怎样呢?孩子们的环境差距也会进一步扩大,那么这种趋势的增强也是大有可能的。

这在道理上通俗易懂,如此设想也是有依据的。图表4-1是按父亲所属阶级区分的男性的大学升学率。父亲所属的阶级不同,大学的升学率也有很大的差异,这一事实一目了然。资本家阶级与新中产阶级的孩子更容易上大学,工人阶级与旧中产阶级的孩子升学困难。能够上大学就更容易跻身富裕阶级,尤其是新中产阶级,所以,以学历的差异为介质,差距在代际传承的可能性大大提高。

图表4-1　按父亲所属阶级区分的本人的大学升学率(男性)

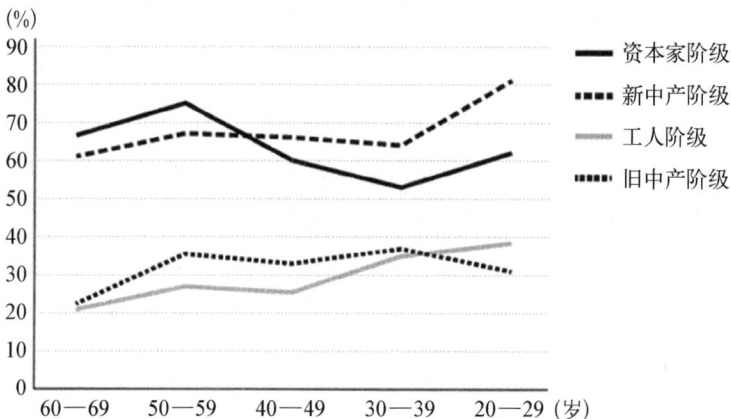

资料来源:根据2015年SSM调查数据算出

按年代区分来看,五六十岁那代人是在1970年代前后大学升学率持续上升时期迎来升学期的一代人,两者比较显示,不管父亲属于哪个阶级,大学升学率都在提高。提高的幅度没什么差别,基本上接近于平行流动。再比较三四十岁的人群,新中产阶级的孩子的升学率提高趋缓,资本家阶级的孩子的升学率略微下降,相反工人阶级与旧中产阶级的孩子的升学率有所上升,由此,阶级带来的差距似乎缩小了。但是,20—29岁的资本家阶级与新中产阶级的孩子的升学率都上升了,工人阶级与旧中产阶级的孩子的升学率却提高不快,升学率的差距看上去似乎扩大了。若果真如此,近年来大学升学机会的差距就可能扩大,差距继承的趋势就可能增强(这只是针对男性而言,至于女性,从统计结果来看,并未显现出明显的差距扩大的情况)。

由此,关于这种差距固化趋势的研究是有关差距研究中最重要的研究领域之一,被称为"社会流动研究",即关于人们从自己原本所属的阶级(或阶层)是否有流动的一项研究。

产业化假说是错误的吗?

这种情况下的流动有两种。一种是从自己出身的阶级(通常指父亲所属的阶级)流动出来,这种流动被称为代际流动。比如农民的孩子成为工人,或者总经理的孩子成为教师等的流动。另一种是在自己的人生中的某一时间点到另一个时间点之间发生的流动,被称为代内流动。比如工薪族晋升为经理,或者店主关闭了商场沦为工人等的流动。上面所说的差距的固化可以说是代际流动的问题。

关于代际流动,直到1980年代之前,人们一直都很认可"产业化假说"。这一假说认为,"随着产业化的发展,代际流动会增加",而且,它还符合以下常识,即"以前劳动力流动少,还有身份制度的影响，人们只能从事与父辈一样的职业。现在可以自由选择职业了"，根据1975年的SSM调查数据进行的分析也支持这一假说，所以到1980年代时，它已经成为定论。但是其后，指出这一假说与事实不符的文章越来越多。

在现代化发展过程中，前现代的身份制度的废除导致了人口从农村向城市流动，或者从传统产业向现代产业流动，因此，代际流动的增加也属必然。但是，产业化发展到一定的程度，阶级结构稳定以后，就很难想象流动还会那样持续增加。比如，农民层或传统产业已经持续缩小，以后再有人口流出就只会是小规模地发生了。实际上在日本，从农民层向其他阶级的流出一直在进行中，农民层的规模已经非常小了，代际流动已经不再增加了。毫无疑问，代际流动的增加也有一定的限度。

验证固化假说

那么代际流动今后会怎样？从逻辑上讲，有以下三种可能性：① 流动不会无限制地增加，但会缓慢地持续地增加；② 不再增加，固定在某一水平；③ 流动减少固化延续。缓慢持续增加可以说是修正版的产业化假说。固定在某一水平假说是"流动不变假说"，最后的固化延续的假说可以称之为"固化假说"。

为了避免误解，在此必须再三强调，差距的固化趋势，即人们更容易与父亲同属于一个阶级的趋势，长期以来已经得到很多的研究的证实，这种趋势的存在本身并不是争论的焦点。"固化假说"自不待言，"产业化假说""流动不变假说"都是以这种固化趋势存在本身作为前提的。只是"产业化假说"认为这种固化趋势不会消失，但是会衰落，而"流动不变假说"则以为这种固化趋势会以一定的强度持续存在下去罢了。

那么，哪一种假说是正确的呢？对此，在同样进行 SSM 调查数据分析的研究人员中都意见纷呈，莫衷一是。

支持固化假说比较有名的有佐藤俊树的著作《不平等的日本社会》。他在人们开始关注差距问题时的 2000 年出版了这部著作，他在书中运用自己的职业分类对代际流动进行了分析，并据此指出了白领尤其是上层白领的封闭性正在急速提高，他称此为"新的阶级的出现"，由此颇受关注。

但是，许多研究人员对此结论持怀疑态度，他们更倾向于支持"流动不变假说"。他们运用同样的数据进行了分析，得出了不同的结论，这是因为他们采用了不同的阶级、阶层分类法，以及不同的分析方法。阶级、阶层分类法与分析方法是每个研究人员根据自己的研究目的而决定采用的，可以说这些方法都受制于研究人员所关心的问题。

本书的基本立场是根据如第二章显示的四阶级分类法，并将其中的正规工人与下层阶级进行区别的五阶级分类法，对现代日本社会进行的分析。如在第三章所示的，笔者认为，运用这一分类，可以对现代日本社会中的差距结构进行条理清晰的把握。只不过在父亲那一代，下层阶级还不普遍，所以采用的主要还是四阶级分类法，五阶级分类仅仅是在详细分析最近的状况时才采用。而且，根据对长期趋势的关注目的，许多分析都将对象限定于男性。

2 代际流动的总体倾向

代际流动表

了解代际流动的情况所需的基本材料就是像图表 4 - 2 所显示的被称为"代际流动表"的统计表。表左侧显示的是父亲所属的阶级(出身阶级),表上部显示的是本人所属的阶级,整张表显示的是两者的关系。以父亲和本人的所属阶级各分四个种类,加上合计为五个栏目,所以表格由 5×5 = 25 个单元格组成。各单元首先是实际人数,实际人数右边的百分比为纵向栏目的百分比,其下第二行的百分比为横向的百分比。只是统计对象限定在 35 岁到 54 岁之间。回答者若过于年轻,则变成将其尚处于初期的职业阶段所属的阶级与其父亲做比较了。相反,60 岁左右往后的对象,又变成了以再就业的合同雇员的身份所归属的阶级与其父亲做比较了。即使是高学历的精英一开始也不过是普通雇员,而再就业后其地位往往又会降低。因此,若使用所有的年龄段的数据,就无法正确把握代际流动的状况。所以对年龄层就做了如上的限制。

图表 4 - 2　代际流动表(2015 年·男性·35—54 岁)

父亲所属阶级	本　人				
	资本家阶级	新中产阶级	工人阶级	旧中产阶级	合　计
资本家阶级	33(45.8%) (40.7%)	31(7.6%) (38.3%)	10(2.5%) (12.3%)	7(5.9%) (8.6%)	81(8.1%) (100%)
新中产阶级	6(8.3%) (2.3%)	151(36.8%) (57.4%)	81(20.6%) (30.8%)	25(21.0%) (9.5%)	263(26.5%) (100%)

父亲所属阶级	本　人				
	资本家阶级	新中产阶级	工人阶级	旧中产阶级	合　计
工人阶级	9(12.5%) (2.4%)	131(32.0%) (35.2%)	207(52.7%) (55.6%)	25(21.0%) (6.7%)	372(37.4) (100%)
旧中产阶级	24(33.3%) (8.6%)	97(23.7%) (34.9%)	95(24.2%) (34.2%)	62(52.1%) (22.3%)	278(28.0%) (100%)
合　计	72(100%) (7.2%)	410(100.0%) (41.2%)	393(100.0%) (39.5%)	119(100.0%) (12.0%)	994(100.0%) (100.0%)

资料来源：根据 SSM 调查数据算出

从这张表可以读到如下所示的代际流动的状况。首先来看出身阶级，从表的横方向看去。

父亲为资本家阶级的人为 81 人。其中自己也成为资本家阶级的人有 33 人，从比率上来说，占到 40.7%。看最后一行的合计栏即可明白，资本家阶级在总人数中不过 7.2%。再按出身阶级来看成为资本家阶级的人的比率，新中产阶级出身者只有 2.3%，工人阶级出身者有 2.4%，比较多一点的旧中产阶级出身者也只有 8.6%。

由此可以看出，资本家阶级出身者成为资本家阶级相对容易一些。再看从资本家阶级向新中产阶级流动的人有 31 人(38.3%)，流出到工人阶级的人有 10 人(12.3%)、流动到旧中产阶级的人为 7 人(8.6%)。由此可见，资本家阶级出生者本身更易成为资本家阶级，在流动的情况下，向新中产阶级流动的趋势非常明显。

那么，新中产阶级出身者怎么样呢？总人数为 263 人。其中 151 人(57.4%)现在成了新中产阶级。很明显，新中产阶级出身者更容易成为新中产阶级。从其流动情况看，流动到工人阶级的最多,有 81 人(30.8%),流动到旧中产阶级的有 25 人(9.5%),流动到资本家阶级的最少,只有 6 人(2.3%)。

同样,工人阶级出身者总共有 372 人,与父亲一样成为工人阶级的超过半数,占到 207 人(55.6%)。除此之外,大多数人流向新中产阶级,流向资本家阶级和旧中产阶级的人较少。

相比之下,在旧中产阶级出身者总人数 278 人中,留在旧中产阶级的人为 62 人(22.3%),不能说有很多。这主要是因为,父亲一代的 278 名旧中产阶级因产业结构的变化,到本人这一代,减少到了 119 人。其余的较为均衡地流向了新中产阶级(34.9%)与工人阶级(34.2%)。

其次,再来看表的竖方向情况。目前,资本家阶级人数为 72 人。其中父亲也是资本家阶级的人有 33 人,上升到 45.8%。其次多为旧中产阶级,占 24 人(33.3%)。将父亲经营的家业规模扩大后即成为资本家阶级,所以这一阶级较多流向资本家阶级也是可以理解的。

相对的,父亲为新中产阶级和工人阶级的人流向资本家阶级的较少,分别只有 8.3% 和 12.5%。由此可见,经营者的孩子较少成为工人,同样,再看与父亲同处一个阶级的人的比率,新中产阶级为 36.8%,工人阶级为 52.7%,旧中产阶级为 52.1%。新中产阶级比率较低,其他三个阶级均有一半左右的人与父亲属于同一个阶级。

非流动率、世袭率、优势比
从以上的比率已经可以看出趋势,但是为了使其更为清晰,在此欲引入在社会流动研究中常用的三个指标。即"非流动率""世袭率",以及"优势比"。

所谓非流动率,即在代际流动表显现的整体情况中不曾流动的人,即与父亲同属于一个阶级的人的比率。在图表4-2的情况下,资本家阶级中有33人,新中产阶级中有151人,工人阶级中有207人,旧中产阶级中有62人处在对角线的位置上。这个人数合计为453人,用这部分人数除以总人数994人得出的0.456即非流动率。因是比率,所以用百分比来表示也可以,通常大都用小数点来表示。

非流动率是相对于整张流动表计算得出的指标,而世袭率与优势比则是按各阶级计算的指标。首先,世袭率是指某一阶级的出身者中,属于与出身阶级同一阶级的人的比率。因此,图表4-2的情况下,资本家阶级的世袭率为0.407,新中产阶级为0.574,工人阶级为0.556,旧中产阶级为0.223。说是世袭,作为雇员的新中产阶级和工人阶级也不是原封不动地继承父亲所处的地位,资本家阶级和旧中产阶级的情况下也有可能开创不同于父亲的自己的事业,所以,不是字面上的世袭,而是在"止于与父亲同属于一个阶级的人的比率"的意义上所使用的世袭率。

其次是关于优势比,这一指标大致上是显示"阶级A的出身者与非同一阶级的人相比有多容易成为阶级A的",是显示容易发生世袭的指标。成为阶级A的概率在阶级A的出身者与非同一阶级的出身者没有差别的情况下,优势比为1。阶级A有世袭的倾向,阶级A的出身者与非同一阶级的出身者相比,容易成为阶级 A 的情况下将会大于 1,世袭的倾向越强数值就越大。

在此就优势比再稍作说明(以上的说明已足以理解以下的分析结果,所以可以跳过这一段的阅读)。优势比诚如其名"优势与优势之比",所以,首先有必要对优势加以说明。通常所谓优势是指博彩业中的"胜算",在此作为统计学专用词汇的优势(赔率),指"拥有某种性质 A 的人的人数与不具有该种性质的人的人数之比"。图表 4-2 的代际流动表的情况下,需关注出身阶级与所属阶级,进行如下计算。在资本家阶级出身者 81 人中,成为资本家阶级的人为 33 人,没有成为资本家阶级的人为 48 人。因此优势为 33 ÷ 48 = 0.688。 相应地,资本家阶级以外的出身者成为资本家阶级的人为 6 + 9 + 24 = 39 人,没有成为资本家阶级的人数为 263 + 372 + 278 = 913 人,再减去 39 人,等于 874 人,优势比为 39 ÷ 874 = 0.045。 优势比是采用了两者的比,所以 0.688 ÷ 0.045 = 15.4(计算到小数点后 4 位)。这就是资本家阶级的优势比。其他阶级的优势比也可采用同样的方法进行计算。用公式表示如下:

$$\text{阶级 A 的优势比} = \cfrac{\cfrac{\text{出身 A 所属 A 的人数}}{\text{出身 A 以外所属 A 的人数}} \div \cfrac{\text{出身 A 所属 A 以外的人数}}{\text{出身 A 以外所属 A 以外的人数}}}{}$$

显示各阶级的世袭性质的强度指标本来只需考虑世袭率,但是加入优势比的考量主要有如下的理由。

简单地想来,资本家阶级与旧中产阶级本来就有通过继承家业与父亲同属一个阶级的途径,非常容易继承父亲所属的阶级。但是,如在前面所看到的,用世袭率一计算,资本家阶级与旧中产阶级的世袭率要低于新中产阶级与工人阶级。何以如此?这是因为,资本家阶级原本人数就少,即使是资本家阶级出身者,家中有兄弟数人的情况下,再考虑到经营上的动荡,资本家阶级也不是说继承就能继承的,而旧中产阶级则由于产业结构的变化,从父亲一代到本人这一代的过渡期内已经人数锐减,即使想继承家业在很多情况下都无法继承。相反新中产阶级与工人阶级人数众多,而且从父亲一代到本人一代的过渡期内人数还在增加,所以与父亲同属一个阶级就比较容易。这也使得这两个阶级世袭率较高。

从世袭率与优势比来分析

这样一想,为了测定阶级所属从父亲向孩子传承的倾向的强度,不仅要看像世袭率那样简单的指标,还必须看各个阶级在总人数中所占的比率大小,以及不受代际比率变化的影响的指标。而优势比不太受这种因素的影响,所以,其作为测定父亲所属的阶级、阶层向孩子传承倾向的强度的指标还是合适的。为此,本次分析将采用简单明了的世袭率与被认为能够较为正确地反映变化的优势比相结合的方法。

图表4-3显示了非流动率与世袭率、图表4-4显示了优势比的变化。采用的数据来自1955年到2015年的SSM调查,从这些数据可以看出长达60年间的代际流动的变化。为了避免数据的杂沓,在图表中没有显示数值,行文分析中将作补充说明。

图表 4-3 非流动率与世袭率的演变

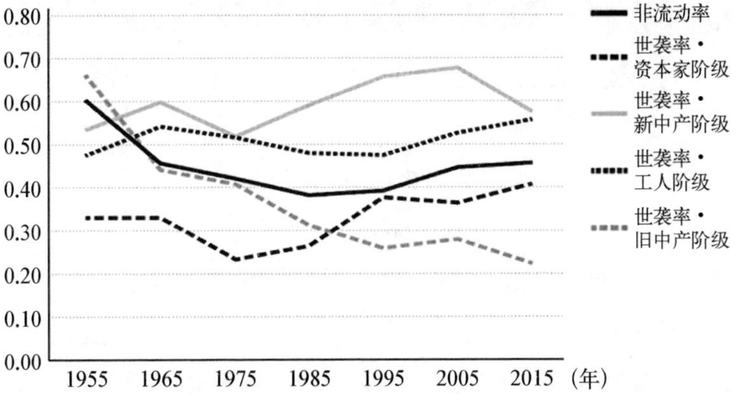
0.80
0.70
0.60
0.50
0.40
0.30
0.20
0.10
0.00
1955
1965
1975
1985
1995
2005
2015
(年)
非流动率
世袭率・资本家阶级
世袭率・新中产阶级
世袭率・工人阶级
世袭率・旧中产阶级

资料来源：根据 SSM 调查数据算出。35—54 岁男性

图表 4-4 优势比变化

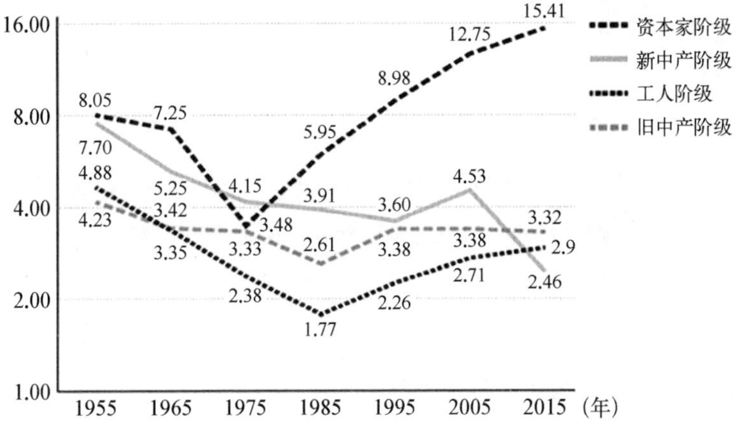
16.00
8.00
4.00
2.00
1.00
1955
1965
1975
1985
1995
2005
2015
(年)
资本家阶级
新中产阶级
工人阶级
旧中产阶级
15.41
12.75
8.98
8.05
7.25
5.95
7.70
4.88
5.25
4.15
3.91
3.60
4.53
3.32
4.23
3.42
3.48
3.35
3.33
2.61
3.38
3.38
2.9
2.71
2.46
2.38
2.26
1.77

资料来源：根据 SSM 调查数据算出。35—54 岁男性
注：垂直轴是对数刻度。

首先来看非流动率。非流动率在 1955 年时较高，为 0.604，到了 1965 年大幅度降低到 0.455，其后继续下降，直到 1985 年的 0.381。其最大的原因在于在旧中产阶级中占了大部分的农

民层的孩子大都流出了农民层。但是,非流动率到1995年时又开始上升,到2005年有了更大的上升,升到了0.446。看上去似乎支持了固化假说,但是,到了2015年只上升到0.456即止,显然,并不能说固化还在继续。

不同的阶级,世袭率趋势也不同。最清晰不过的是旧中产阶级,在1955年时上升到0.663的世袭率急速下降,在1995年到2005年期间呈横向徘徊,到了2015年大幅度降低至0.223。最初是农民层出身者,近年来则是其他自营业者层的出身者向其他的阶级流出的倾向越来越强。相反,资本家阶级从1965年到1975年间,由其他阶级的流入盛极一时,导致世袭率降低,其后,世袭率再度上升,到2015年已升至0.407。工人阶级的世袭率在1965年有些许上升后转为下降,1995年时为0.475,其后又转为上扬至2015年,达到0.556。近些年来,资本家阶级与工人阶级的代际传承性就这样越来越强。

比较复杂的是新中产阶级。新中产阶级的世袭率在1965年时上升,到1975年时又下降,此后,直至2005年持续上升。然而到了2015年,大幅度减少到0.574。由此可见,世袭率的变化情况因阶级而不同。关注到最近的变化,资本家阶级与工人阶级可能被认为代际传承性越来越强,但是,新中产阶级与旧中产阶级的情况反而是相悖的。

阶级的固化还在继续吗

那么,再来看优势比。在世袭率情况下趋势明显不同的是旧中产阶级。世袭率急速降低,但是其优势比除了在1985年时有所降低以外,基本上处于原地徘徊,没有什么大的变化。这说明,旧中产阶级出身者的世袭率主要仅仅是因为旧中产阶级的整体性减少导致的降低,"旧中产阶级出身者与其他阶级的出身者相比,相对地更容易成为旧中产阶级"的趋势本身没什么变化。

相对而言,资本家阶级与工人阶级的世袭率显示出非常相像的趋势。即到 1975 年或 1985 年为止,优势比是下降的,代际传承性弱化,但是其后传承性越来越强。尤其是资本家阶级在 1975 年时达到 3.48 的优势比,其后,每 10 年急剧上升至 5.95、8.98、12.75,然后到了 2015 年达到了 15.41,可以说其封闭性明显增强。工人阶级的优势比在 1985 年达到了 1.77,2015 年上升至 2.94,变化也很大。

新中产阶级的优势比在 1995 年以前一直下降,2005 年转为上升,显示出较强的代际传承性,但是到了 2015 年时又大幅度下降,与世袭率中看到的情况相同,显示出较弱的传承性。

由此,单看世袭率,或者单看优势比,刚才有关代际流动的三个假说任何一个都不能说是正确的。各个阶级显示了不同的趋势。而且,说起近年来的变化,可以说,资本家阶级与工人阶级的代际继承越来越强,趋于固化,相反新中产阶级的代际继承性则趋于弱化,而旧中产阶级几乎没什么变化。

处于阶级结构顶部的资本家阶级与底部的工人阶级其代际传承性都很强,所以说,得出差距的固化还在继续的结论好像也没错。但是,考虑到近年来的差距扩大倾向,新中产阶级逆向变化则是意料之外的事。再细细推敲看下去。

3 为什么资本家阶级与工人阶级固化了

固化趋势分析

图表4-5的4幅图表旨在详细观察代际流动的状况。它们是按出身阶级分别计算并按年份显示的分属于四个阶级的人

图表4-5　目前所属阶级与出身阶级的关系

①成为资本家阶级的人的比率

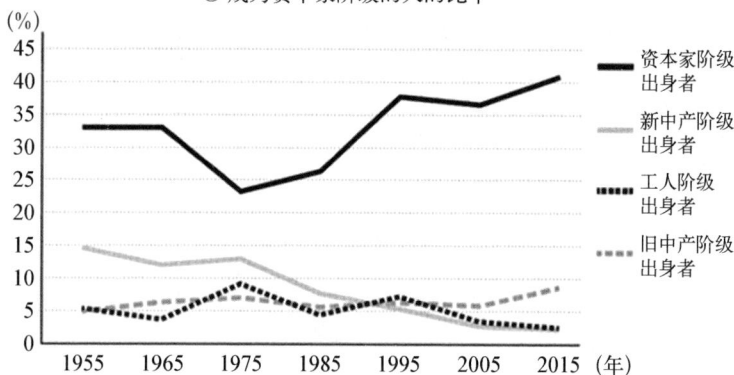

②成为新中产阶级的人的比率

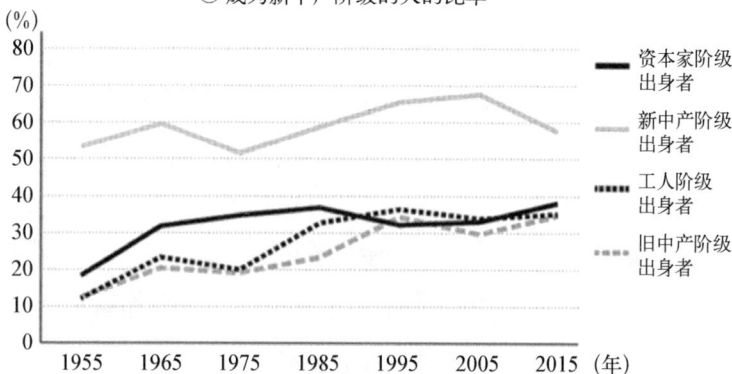

③ 成为工人阶级的人的比率

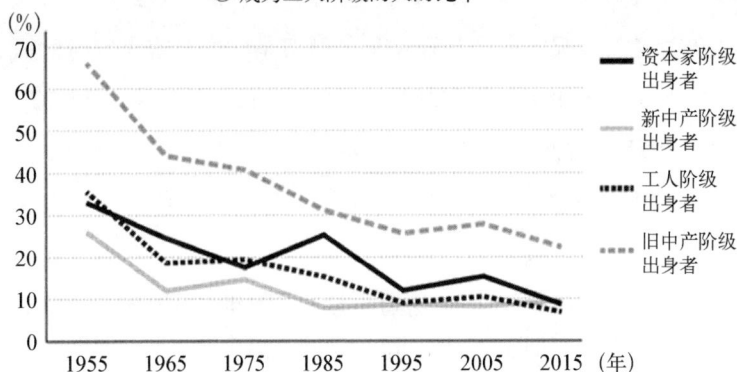

④ 成为旧中产阶级的人的比率

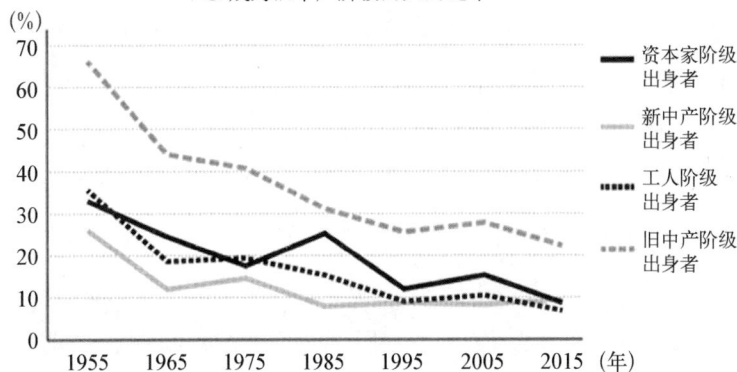

资料来源：根据 SSM 调查数据算出。35—54 岁男性

的比率。比如① 关于资本家阶级的图表就是显示从 1955 年到 2015 年间的 7 个时间点上，四个阶级的出生者中分别有百分之几的人成了资本家阶级。因此，资本家阶级出身者的图表就如同用图表来显示资本家阶级的世袭率变化。

就像图表①所显示的，资本家阶级的世袭率（资本家阶级出身者的资本家阶级比率）在 1975 年这个时间点大幅度地减少，其后逆转上升，到 2015 年时达到了 40.7%。那么其他阶级的出身者怎样呢？一个显而易见的事实是新中产阶级出身的人的资本家阶级比率一直在减少。1955 年时，这一比率为 14.5%，除了 1975 年有些许上升外，其余的时间点都显示出持续的下降趋势，2015 年已经降到 2.3%。新中产阶级出身者已经无法再跻身到资本家阶级了。

工人阶级出身者上下变动明显，1975 年与 1995 年迎来高峰后开始下降。旧中产阶级出身者没有明显的变化。所以，当资本家阶级出身者越来越容易成为资本家阶级，而有着受雇于人的父亲的人们则越来越难于跻身资本家阶级行列时，就可以说资本家阶级已经固化了。

同样显示出固化倾向的是工人阶级。根据图表③表示，工人阶级出身者的世袭率如上所见，在 1965 年显示出上升以后直至 1995 年为止持续下降，其后逆转上升至今。其他阶级的出身者又怎样呢？新中产阶级出身者的工人阶级比率上升到 1985 年为止，然后下降至 1995 年，到 2005 年时呈低位徘徊，到 2015 年时又大幅上升。近年来，新中产阶级出身者可以说越来越容易滑落到工人阶级队伍中去了。资本家阶级出身者原本人数就少，且极易发生不规则变化，所以无法获取其明显的趋势。

值得注意的是旧中产阶级。旧中产阶级出身者的工人阶级比率至 1985 年为止一直呈现出快速上升的态势。其主要原因在于高度增长期农民层出身者大量涌向工人阶级。但是，在 1995 年时工人阶级的比率下降了，此后一直徘徊不动。所以说，工人阶级显示出固化倾向的主要原因有二：一是工人阶级出身者与其父亲同属于工人阶级的倾向得到了强化,二是旧中产阶级出身者越来越难成为工人阶级。虽然新中产阶级出身者更容易成为工人阶级,但其并不具有抹去上述两大因素的效果。

资本家阶级与工人阶级的出身者很难向其他阶级流动已成事实,那么,向哪个阶级流动比较困难呢?首先,从图表④可见,资本家阶级出身者向旧中产阶级流动的人数比率快速下降。此外,再看图表③,1995年以降,向工人阶级流动的人数也在减少。但是,从图表②可以看出,向新中产阶级的流动没有减少。既然继承父亲的阶级所属的可能性提高了,那么即使会发生向优越性仅次于资本家阶级的新中产阶级流动,也很难向工人阶级或旧中产阶级流动吧。

其次,再来看工人阶级出身者。即如上所见,工人阶级出身者向资本家阶级的流动在减少,同样图表④还显示,向旧中产阶级的流动也在减少(这一倾向也可见于新中产阶级出身者)。即工人阶级出身者曾经的向上发展的路径是,从当工人起步,积累经验后独立出来成为旧中产阶级,然后进一步扩大经营规模成为资本家阶级,然而,近年来这种可能的途径已被关闭。退而求其次向新中产阶级的流动直到1995年为止,这种可能性还在增加,但是其后,就停止在某一特定的水平上。换言之,工人阶级出身者想要流动到较为优越的阶级,也就限于向新中产阶级流动的可能性了。

那么,说起资本家阶级固化倾向进一步加强,人们自然而然地会联想到公司经营者的儿子大学一毕业就进入父亲的公司,成为董事的情形,但是实际上也并非那么简单。

图表 4-6 着眼于出身资本家阶级,现职也为资本家阶级的人们,显示第一份职业即成为资本家阶级和非资本家阶级的人的比率。以 1955 年为例,资本家阶级出身者中现职也为资本家阶级的人占 32.8%,其中第一份职业即成为资本家阶级的人仅占 3.9%,第一份职业与现职之间成为资本家阶级的人占 28.9%(合计为 32.8%,这个比率本应成为世袭率的,但因为有第一份职业不明的人,所以,同图表 4-3、图表 4-5 的数值可能有出入)。

图表 4-6 资本家阶级继承人的职业经历的变化

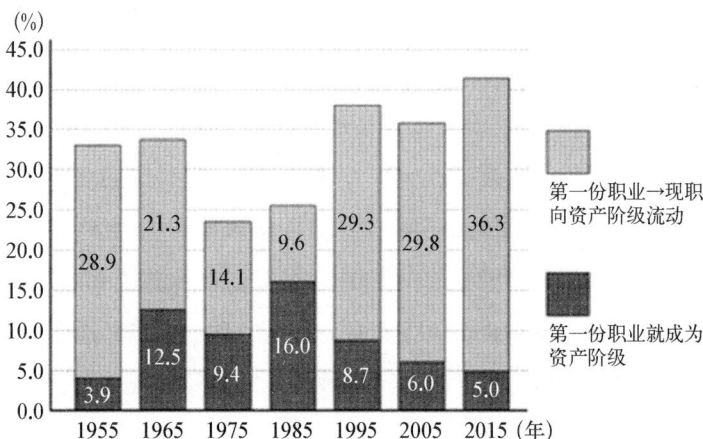

图例:
- 第一份职业→现职 向资产阶级流动
- 第一份职业就成为资产阶级

资料来源:根据 SSM 调查数据算出。35—54 岁男性

从第一份职业开始就成为资本家阶级的人的比率在 1955 年时很低。毕竟是战败后刚过十年的时候。很多人都有被动员参加军需工厂生产的经验,也有不少人自家开的商店和工厂在战火中被毁于一旦。所以想起来也是,从第一份职业开始就继承家业还是相当困难的。然而到了 1965 年时,这一比率已上升

至 12.5%，到 1995 年为止基本上在 10% 左右徘徊，也曾达到更高的水平，其后开始逐渐下降，到 2015 年时已经降到 5.0%。说起来出身资本家阶级家庭者更易成为资本家阶级，但是一入职就成为父辈公司的董事，这种情形好像是在减少。

那么，这些人的第一份职业都是干些什么呢？从其工作单位来看，出身资本家阶级，本人也是资本家阶级的 33 人当中，在与入职时同一单位工作的人只有 5 人（15.2%），占多数的 28 人（84.8%）都已从最初的工作单位流动出来了。

再来看一看这些人在刚入职时所属的阶级，属于资本家阶级的仅 1 人，新中产阶级 11 人，工人阶级 17 人，旧中产阶级 1 人，几乎都是雇员的身份。即资本家阶级出身者虽说后来成了资本家阶级，但是其中半数以上的人都首先在家族企业以外的公司的生产第一线或办公室工作，积累经验，然后再成为经营者的。

如最先说明的那样，在 SSM 调查中，在设计问卷时，由于并不知道受访者现在的工作单位与父亲是否一样，所以，并不是所有的受访者都继承了父辈经营的公司。但是，对于资本家阶级来说，在其他公司积累经验后成为董事毫无疑问已经成为他们典型的职业模式。

"固化"的实际状况

归纳要点如下：

资本家阶级出身者更容易成为资本家阶级。相反新中产阶级出身者与工人阶级出身者越来越难成为资本家阶级。普通工人的孩子要想在企业内成功上位或独立出来成为资本家阶级这一所谓的向上流动曾经在某种程度上存在过,但是近年来这条向上流动的通道已被关闭。

工人阶级出身者更易成为工人阶级。这主要是因为他们作为旧中产阶级而独立,甚至向上跻身于资本家阶级的机会已经越来越少了。相比较而言,曾经成为工人阶级主力军的重要供给来源的旧中产阶级出身者也越来越难成为工人阶级了。工人阶级与旧中产阶级之间曾经非常频繁的流动现在已经大大减少了。

4 新中产阶级出身者难以成为 新中产阶级的理由

"失落的一代"以前、以后

那么,为什么新中产阶级出身者难以成为新中产阶级呢?让我们再来看一下图表4-5显示的新中产阶级出身者的所属阶级的变迁。

如上述图表②所确认的,新中产阶级出身继而成为新中产阶级的人的比率(世袭率)在1975年以前还有上下波动,其后直至2005年一直在上升,到了2015年却急剧下降。相比之下,出身于其他阶级而成为新中产阶级的人的比率到1985年,有的甚至到1995年为止都呈上升态势,但是其后基本保持着稳定,从2005年开始到2015年又有些上升。2005年到2015年间,新中产阶级出身者较之以前更难成为新中产阶级了,反而是其他阶级的出身者相对比较容易成为新中产阶级,由此可见,成为新中产阶级的机会的差距已经缩小了。

怎么会这样的呢？实际上这次的分析对象，在 2015 年处于 35—54 岁之间的人们大致上可以分为两代人。即 45—54 岁，1960 年代生人；以及 35—44 岁，1970 年代生人。前者为在经济稳定增长期到泡沫期期间迎来就业的一代人，而后者则是包括很多所谓的在就业冰河期就业的一代人（也被称为失落的一代）。

其实这两代人中，所属阶级大有不同，且其差异尤以新中产阶级出身者为大。图表 4-7 显示了这一状况。

图表 4-7　按出身阶级区分第一份职业与现职所属阶级的变化

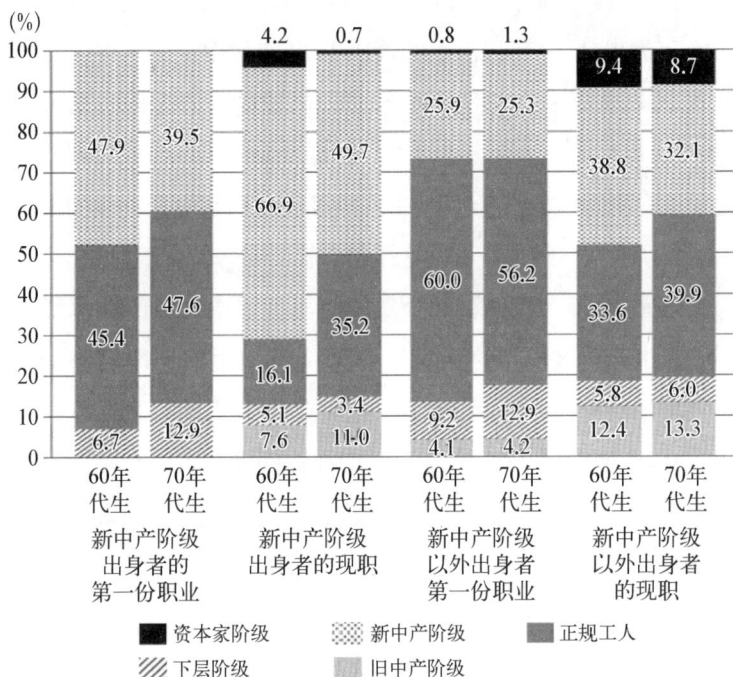

资料来源：根据 2015 年 SSM 调查数据算出。仅男性

首先来看新中产阶级出身者,1960年代出生的那一代人中47.9%的人从第一份职业开始就已成为新中产阶级。相反,1970年代出生的那一代人的这一比率已经下降到39.5%。取而代之的是大幅度增加的非正规工人,即下层阶级,这一阶级的人从6.7%增加到12.9%,约为原来的2倍。

从现职来看,新中产阶级比率都比第一份职业时有所上升。因为有一些原来是工人阶级的人通过晋升到管理职位,而向上流动到新中产阶级。但是,1960年代出生的新中产阶级比率达到了66.9%,而1970年代出生的人只有49.7%成为新中产阶级,增长缓慢,反而比第一份职业时的差距扩大了。到调查时的2015年为止,1960年代出生的人比1970年代出生的人多工作了十年,所以有更多的人晋升到管理职位,由此拉开差距也是可以理解的,但是这一差距有点过大。这是因为由第一份职业到现职为止这一期间,通过晋升而从工人阶级流动到新中产阶级的人减少了。新中产阶级出身者就这样越来越难成为新中产阶级。

再看新中产阶级以外的人,他们与新中产阶级的情形很不同。新中产阶级以外的群体中,1960年代出生的那代人与1970年代出生的那代人之间,在第一份职业时的下层阶级的人的占比从9.2%增加到12.9%。但是,增加幅度没有新中产阶级出身者那般大。而正规工人的比率反而减少了,新中产阶级比率为25.9%与25.3%,几乎没什么变化。

再从现职的时间点来看,确实新中产阶级的比率在1960年代出生的那一代人中占38.8%,而1970年代出生的那一代人中跌至32.1%,差距也没有新中产阶级出身者那么大。因此,新中产阶级以外的出身者与新中产阶级出身者相比,相对地更容易成为新中产阶级。准确地说,新中产阶级以外的出身者不像新中产阶级出身者那样受到就业冰河期的影响,其成为新中产阶级的机会并没有丧失很多。

"从好大学到好公司"是否已成梦幻

在此省略掉详细的统计,这种变化的发生可以想到的有如下这些情形。曾几何时,大学毕业生大都可以成为新中产阶级。实际上,1960年代出生的大学毕业生共有65.8%,仅限于新中产阶级出身者的话有82.4%的人成了新中产阶级(新中产阶级以外的群体为57.5%)。然而,到了1970年代出生的人那里,这一比率下降到了56.7%。按出身阶级来看,新中产阶级出身者为67.4%,新中产阶级出身者以外的人为51.2%,减少幅度仍以新中产阶级出身者为大。

此外,在从事第一份职业时成为下层阶级的大学毕业生中,来自新中产阶级的学生占14.8%,新中产阶级出身者以外的人占22.0%,反而是新中产阶级出身者成为下层阶级的人的比率更高些。在从事第一份职业时成为下层阶级的年轻人很难再流动到新中产阶级,许多人后来就一直停留在下层阶级,或者向正规工人、旧中产阶级流动。由此可见,就业冰河期对新中产阶级出身的年轻人产生了更为深刻的影响。

下文包含了推测的成分。新中产阶级出身者们本来升学率很高,上大学好像是理所当然的。而且根据以往的经验,他们中的大多数人好像也是理所当然地成了新中产阶级。但是,这些都仅仅因为他们在一个优裕的家庭环境中出生和成长，而并不表明他们原本就有非常优秀的能力。

事实上，我们从 SSM 调查数据中得知，根据父亲所属的阶级来看，1970 年代出生的上大学的男生中，中学三年级时的成绩比较优秀的人的比率，新中产阶级出身者占 58.7%，新中产阶级以外的出身者占 69.9%，后者明显高于前者。如果是这样的话，新中产阶级出身者更易成为新中产阶级的唯一条件就只有就业环境安定这一条了。就业环境一严峻，新中产阶级出身者的出路就没那么安泰平坦了。

诚如图表 4 - 1 所显示的，至少对男性而言，因为大学升学率的差距有扩大的趋势，1980 年代以后出生的人成为新中产阶级的机会的差距是否依然会比较小就不得而知了。冰河期世代也可能是暂时的现象。但是新中产阶级既然不像资本家阶级或旧中产阶级那样可以用拥有的生产手段作为其后盾靠山，那么其地位想要让下一代继承确实也并非那么牢靠。从好大学到好公司，这条新中产阶级的家长们大都期望的出路已经不再平坦。

5 女性的代际流动

分析的困难性

以上的分析仅以男性为对象。原因正如本书最初所阐述的，我们能够获得的从 1955 年开始的 60 年间的数据都只有有关男性的数据。尽管如此，关于女性，我们也获得了从 1985 年以来的 30 年间的数据，用于分析已绰绰有余。因此，接下来，将就女性的代际流动进行探讨。

不过女性代际流动的情况与男性大不相同。原因有二。

其一，男性的阶级结构与女性的不同。本来资本家阶级与旧中产阶级以男性居多。而且，这次所用的阶级分类中，正规雇用的文秘职位中只有男性被视为新中产阶级，所以新中产阶级中男性较多。在分析代际流动的情况下，要比较的是父亲与本人的阶级所属。男性的阶级结构与父亲类似，但是女性的阶级结构本来就与父亲有很大的不同，所以，女性的代际流动当然就多了。也因此男性与女性的流动指标不能单纯地比较大小。

其二，女性经常变换身份，一会儿家庭主妇，一会儿兼职主妇，所以有时女性本人没有阶级所属，或者即使有阶级所属，对其本人的生活水平和意识很有可能没什么影响。比如，本人为家庭主妇，或者是年收入 100 万日元的兼职主妇，丈夫是新中产阶级，年收入 800 万日元，在这种情况下，本人的生活水平与意识当然受到其丈夫的阶级所属的强烈影响。即使本人是正规工人，年收入为 250 万日元的小文员，情况依然相同。为此，在思考女性的代际流动时，必要的不是比较父亲与本人，而是比较父亲与丈夫的阶级所属。

超越男性的复杂结构

因此，从这两个观点出发来探讨非流动率与优势比。图表 4-8 和图表 4-9 就是分别从父亲与女性本人所属的阶级关系以及父亲与女性的丈夫所属的阶级关系出发，以图形的形式计算出各自的非流动率与优势比。

图表 4 - 8　非流动率与优势变化（父亲与女性本人的比较）

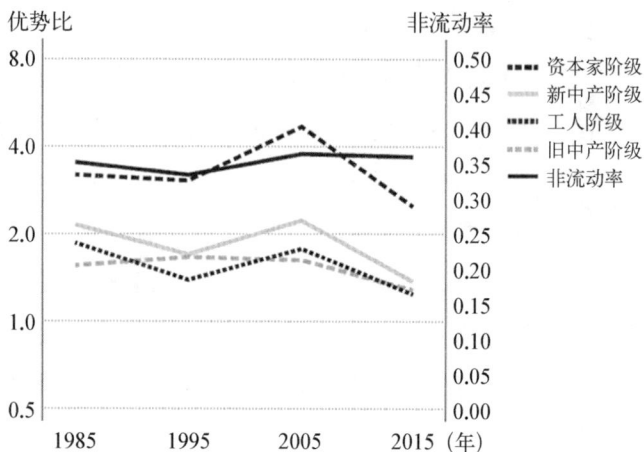

资料来源：根据 SSM 调查数据算出
注：优势比是对数标度。

图表 4 - 9　非流动率与优势比的变化（父亲与女性的丈夫的比较）

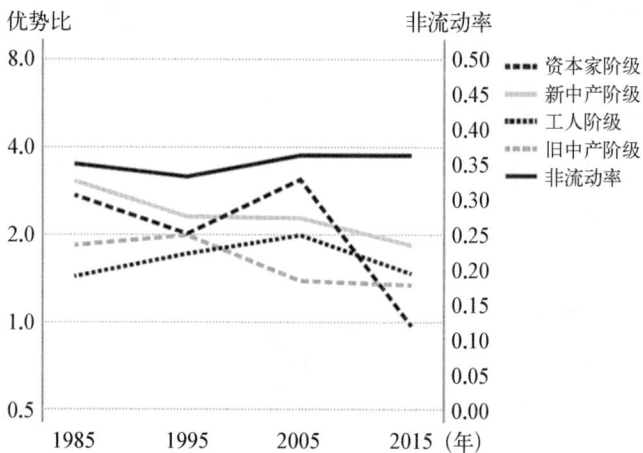

资料来源：根据 SSM 调查数据算出
注：优势比是对数标度。

从这两幅图形中可以看出非流动率都极其稳定地定格在0.35左右。丝毫看不出如图表4-3那样近年来男性的非流动率上升的倾向。

在图表4-8显示的父亲与女性本人的比较的情况下,优势比可以说也是稳定的。从总体上来看似乎2005年是增加的,2015年是减少的,但是并不能说像男性的资本家阶级与工人阶级那样的一如既往的变化。而且,2015年的优势比最大的资本家阶级也不过在2.5左右,与其他阶级相比,还少1.3左右,至少除资本家阶级以外,女性的阶级所属可以说与父亲的阶级所属没有多大关系。

与此相比,显示父亲与丈夫的阶级所属的关系的优势比呈现出较大的变化。尤其是资本家阶级的优势比在2015年时急剧下跌几乎跌到了1.0,这意味着资本家阶级出身的人与非资本家阶级女性但有资本家阶级的丈夫的概率变得完全相同。现在,并不能说经营者的女儿更容易拥有经营者的丈夫。此外,新旧两个中产阶级的优势比也呈现出下降趋势,两者在2015年时均跌至2.0以下。工人阶级的优势比在2015年时大幅度跌破2.0。由此看来,女性的丈夫不管属于哪个阶级,与她父亲属于哪个阶级的关系都很微弱。

但是,关于父亲与女性本人的阶级所属的关系有一点必须说明。从女性新中产阶级中占多数的专业职位来看,助产士、保健师、营养师、护士、保育员、福利相关的专业职位等比率较高。这些女性占比高的职位虽说是专业技术职位,但是收入并不高。多数情况下,甚至不需要大学学历,也就是"低级专业职位"。

而且，从出身阶级来看，这些低级专业职位在女性新中产阶级中所占的比率，资本家阶级出身者为35.3％，新中产阶级出身者为46.1％，而工人阶级出身者则要占到74.7％，旧中产阶级出身者高达67.2％。工人阶级和旧中产阶级的出身者说起来与资本家阶级和新中产阶级的出身者几乎同样地拥有属于新中产阶级的机会，但是值得注意的是，其大多数都仅仅是医疗、福利、保育方面的低级专业职位。就此意义而言，差距并没有消失。

　　那么，女性受到丈夫所属阶级的强大影响意味着什么呢？男性的话，其生活和意识基本取决于其本人所属的阶级。因此男性内部的差距沿着五个阶级的分界线，形成较为单纯的结构。与此相对，女性在受到自己所属阶级的影响的同时，甚至还更要受到其丈夫所属的阶级的影响。所以，女性内部的差距结构非常的复杂，它不仅受到女性本人所属的阶级的影响，同时还要受到丈夫所属阶级的影响，甚至有没有丈夫都有很大的影响。下一章将详细探讨女性内部的这种复杂的差距结构。

第五章
女性的阶级社会

如前一章所述,女性往往成为家庭主妇,或者为补贴生计而从事兼职工作。为此,女性的生活和意识不仅受其本人所属的阶级的影响,同样或者更加受到其丈夫所属的阶级的影响。因此,在考察女性间的差距时,如第三章所述,不仅要关注到女性本人的阶级所属,还必须关注到其是否有丈夫,在有丈夫的情况下,还得同时关注其丈夫的阶级所属。

本章的考察将在纳入上述因素的基础上,根据女性本人的阶级所属、有无丈夫以及丈夫的阶级所属,将女性分成 17 个组,以此来考察她们之间的差距。由此阐明的结果是一种比男性更严酷的差距结构,即丈夫是资本家阶级,本人也是资本家阶级或家庭主妇的女性立于阶级结构的顶端,下层阶级或没有工作没有丈夫的女性处于这一结构的底层。

1 妻子与丈夫的阶级所属

丈夫的阶级影响更大

女性大都要么是家庭主妇,没有收入,要么是以兼职的形式就业获得较少的收入。即使是全职工作的女性,其收入也比丈夫低得多。她们大部分的生活主要靠丈夫的收入来维持。所以在大多数情况下,她们的生活水平、生活方式,甚至生活满意程度和阶层归属意识都会受到其丈夫所属的阶级的影响。

实际上,从 2015 年 SSM 调查数据来看有配偶女性的收入与丈夫的收入多少之间的关系,比丈夫收入多的案例只占 6.0%,与丈夫收入相同的案例占 7.8%,其余 86.2%都比丈夫收入少,而且其中 68.8%的人的收入不到丈夫收入的一半。这一数据包括家庭主妇,如果仅看有职业的属于某一阶级的女性,比丈夫收入多的也就 8.7%,收入相同的 10.0%,其余 81.3%都比丈夫收入低,57.9%的人收入不到丈夫的一半。家庭收入的大部分取决于丈夫的收入。

所以,女性即使本人是低收入的工人阶级,其阶层归属意识未必很低。在有配偶的工人阶级中,认为自己"高于一般人"的人的比率,男性只占 21.7%,而女性则占到 31.0%。但是将女性的这一比率再根据其丈夫所属的阶级来细看的话,即可发现,丈夫为工人阶级的情况下女性的这一回答也就只有 23.4%,相反丈夫若是新中产阶级的话,则女性的这一回答就大幅度提高到 50.2%。女性的阶层归属意识因丈夫的阶级所属的效果而被大大提高。

在第三章中,各种各样的统计结果描绘出了五个阶级的轮廓。但是,那一章所涉及的毕竟只是本人的阶级所属。所以这些轮廓中没有考虑到丈夫的阶级所属,就此而言,关于已婚女性的分析是不尽完善的。而且,那些没有工作的,因而也没有个人的阶级所属的家庭主妇完全被忽视了。实际上要阐明女性间的差距,以及女性的生活和意识的特征,就不仅要看本人的阶级所属,还要看丈夫的阶级所属,必须将两者结合起来考察。

图表 5-1 将 2015 年 SSM 调查的(69 岁以下)女性回答者结合其本人的阶级所属与有无配偶者以及丈夫的阶级所属进行

了分类。[1]在此表中,正规工人与下层阶级进行了区别,再加上兼职主妇与没有工作的人,被分成了七类。关于丈夫,下层阶级已婚男性较少,所以还包括了工人阶级,再加上无配偶,共分成五类。但是在定义上,女性下层阶级都属于无配偶者,兼职主妇全部为有配偶者。因此,女性被从 7 × 5 = 35 中减去 5 组,分类成了 30 组。

图表 5-1　女性所属阶级与丈夫所属阶级

本　人	丈　夫					
	资本家阶级	新中产阶级	工人阶级	旧中产阶级	无配偶	合　计
资本家阶级	① 69 (2.4%)	4 (0.1%)	3 (0.1%)	9 (0.3%)	14 (0.5%)	99 (3.4%)
新中产阶级	14 (0.5%)	③ 149 (5.1%)	⑥ 109 (3.7%)	23 (0.8%)	⑦ 149 (5.1%)	444 (15.2%)
正规工人	15 (0.5%)	⑧ 89 (3.0%)	⑨ 115 (3.9%)	31 (1.1%)	⑫ 232 (7.9%)	482 (16.5%)
下层阶级					⑬ 243 (8.3%)	243 (8.3%)
兼职主妇	24 (0.8%)	⑤ 197 (6.7%)	⑩ 312 (10.7%)	⑯ 73 (2.5%)		606 (20.7%)
旧中产阶级	11 (0.4%)	23 (0.8%)	19 (0.6%)	⑭ 121 (4.1%)	47 (1.6%)	221 (7.6%)
没有工作	② 48 (1.6%)	④ 227 (7.8%)	⑪ 292 (10.0%)	⑮ 93 (3.2%)	⑰ 170 (5.8%)	830 (28.4%)
合　计	181 (6.2%)	689 (23.6%)	850 (29.1%)	350 (12.0%)	855 (29.2%)	2 925 (100.0%)

资料来源:根据 SSM 调查数据算出。对象为 20—69 岁
注:百分比的分母为总人数。

1. 第三章的分析中剔除了经过漫长的职业生涯,退休后成为非正规就业的男性,所以将下层阶级的调查对象限定在了 59 岁以下。女性没有剔除的必要,所以对象年龄延至 69 岁。

结合丈夫的阶级所属进行的综合分析

总人数为 2 925 人,其中无配偶者 855 人(29.2%),没有工作的有配偶者 660 人(22.6%),夫妇俩均有工作的案例有 1 410 人(48.2%)。兼职主妇被包含在工人阶级的情况下,丈夫与本人同属于一个阶级的有 766 人,夫妇都有工作的人中占到 54.3%。可以说夫妇的阶级所属高度一致。

在 30 个组中人数最多的是,本人为兼职主妇,丈夫为工人阶级的案例,共有 312 人(10.7%)。其后依次为本人没有工作,丈夫是工人阶级的有 292 人(10.0%),下层阶级为 243 人(8.3%),没有配偶的正规工人 232 人(7.9%),本人没有工作,丈夫为新中产阶级的有 227 人(7.8%),等等。相对来说,夫妇一方为资本家阶级,另一方属于其他阶级的组,以及本人为旧中产阶级,丈夫属于其他阶级的组的人数都极少。

因此,本次分析主要关注能够获得 48 人(约 1.6%)以上的数据的 17 个组的女性。[1]这些女性人数有 2 688 人,占到总调查人数的 91.9%,这一人数对于概观现代日本女性的状态可以说已经绰绰有余。下文将按这些女性所属的阶级,即资本家阶级、新中产阶级、正规工人、下层阶级和旧中产阶级的顺序逐一进行分析。

这个所谓所属的阶级,本人若是全职工作的情况下,当然按本人的所属阶级判断。本人没有工作或兼职主妇而丈夫有工作的情况下,所属阶级将按与丈夫同一阶级来考虑。本人没有工

---

1. 顺便解释一下,无配偶的旧中产阶级女性,人数有 47 人之多,但是其中包括了丧偶后继续操持家族企业的人、未婚经营饮食店的人、艺术家、教授设计的私人教师等专业人士,各色人等混为一体,实难将其视为一组。

作也没有丈夫的女性将放到最后来看。图表5－1的各个格子里带圆圈的数字是显示这一顺序的序列号。

图表5－2显示各组的平均年龄和收入等基本属性,图表5－3是关于家庭结构的,图表5－4是关于生活满意度和阶层归属意识,以及支持政党的情况,图表5－5归纳了性别角色分工意识、性别规范与子女教育等问题。关于本人与丈夫的职业的详细的统计结果,为了避免过于复杂,统一在本章最后的补充表格中显示,可供参考。

2　资本家阶级女性

资本家阶级女性为① 资本家阶级—资本家阶级组与② 没有工作—资本家阶级组两项。

① 资本家阶级—资本家阶级组:中小企业的老板娘

她们是与丈夫一起经营企业的女性。平均年龄为54.3 岁,在所有组中排名第三。从业单位的规模85.5%在 29 人以下,大多数为小微企业。本人的平均年收入 296 万日元,不能算多,但是家庭平均年收入达到 1 173 万日元,仅次于第二组的"经营者的妻子",与第三组以下差别较大。

她们为什么能够成为资本家阶级呢? 主要原因就在于结婚时丈夫已经是资本家阶级了。结婚时丈夫已是资本家阶级的人的比率相当高,为46.8%。这些丈夫们大多数应该是从父辈手里继承公司的人们,他们与作为中小微企业的经营者,或得到未来的承诺的继承者的男性结婚,并成为其工作的帮手。

图表 5-2　17 组女性的基本属性

	平均年龄	本人平均年收入	丈夫的平均年收入	家庭平均年收入	贫困率	有借款（住宅贷款等）的世代的比率	受过高等教育的人的比率	丈夫受过高等教育的人的比率
	岁	万日元	万日元	万日元	%	%	%	%
① 中小企业的老板娘	54.3	296	805	1 173	3.9	41.8	37.7	50.7
② 经营者的妻子	53.5	29	1 136	1 226	3.0	33.3	52.1	68.8
③ 双重收入的女性 I	44.6	359	586	997	0.8	56.8	64.4	72.5
④ 以家庭主妇为核心的组	44.8	21	646	691	2.7	48.5	51.5	71.7
⑤ 在职主妇 I	46.5	104	631	772	3.2	62.4	47.7	57.9
⑥ 跨阶级家庭的女性	42.1	275	417	728	3.2	51.5	42.2	29.0
⑦ 单身贵族们	37.5	360	—	546	10.9	30.4	62.4	—
⑧ 双重收入的女性 II	43.0	329	572	933	0.0	65.4	62.9	64.4
⑨ 双职工家庭的女工	43.2	255	383	663	4.3	49.1	25.2	18.4
⑩ 在职主妇 II	47.4	115	389	545	8.6	53.0	25.0	26.7
⑪ 工人阶级的妻子	47.0	28	406	486	17.3	37.9	22.6	25.7
⑫ 单身女性	35.9	299	—	542	12.5	28.7	44.0	—

	平均年龄	本人平均年收入	丈夫的平均年收入	家庭平均年收入	贫困率	有借款（住宅贷款等）的世代的比率	受过高等教育的人的比率	丈夫受过高等教育的人的比率
	岁	万日元	万日元	万日元	%	%	%	%
⑬下层阶级的女性	44.2	169	—	304	42.8	23.5	22.6	—
⑭献身于家族企业的女性	57.3	147	454	688	14.5	41.0	19.8	27.4
⑮匠人的妻子	56.7	68	429	547	16.1	39.2	23.7	31.5
⑯女性"过剩人口"	49.9	129	365	520	5.8	59.1	20.5	24.7
⑰面临老年的女性	53.3	114	—	237	57.4	15.4	24.1	—

资料来源：根据 2015 年 SSM 调查数据算出。对象为 20—69 岁

图表 5 - 3　17 组女性的家庭构成

（%）

	独居	与父母亲同居	与夫妻的父母亲同居	与无配偶的子女同居	与有配偶的子女同居	有子女
①中小企业的老板娘	0.0	2.9	17.4	56.5	11.6	91.2
②经营者的妻子	2.1	4.2	6.3	62.5	4.2	100.0
③双重收入的女性 I	2.0	8.1	13.4	73.8	0.0	84.9

	独 居	与父母亲同居	与夫妻的父母亲同居	与无配偶的子女同居	与有配偶的子女同居	有子女
④ 以家庭主妇为核心的组	0.4	2.2	8.8	78.4	1.8	90.2
⑤ 在职主妇 I	0.5	4.1	12.7	76.6	0.5	90.8
⑥ 跨阶级家庭的女性	0.0	11.0	9.2	79.8	2.8	89.0
⑦ 单身贵族们	30.9	53.0	0.0	18.8	0.0	28.5
⑧ 双重收入的女性 II	0.0	5.6	13.5	75.3	1.1	81.8
⑨ 双职工家庭的女工	0.9	13.0	13.9	70.4	1.7	86.4
⑩ 在职主妇 II	0.3	6.7	14.7	72.8	2.2	91.8
⑪ 工人阶级的妻子	0.0	10.6	7.9	71.2	1.0	90.3
⑫ 单身女性	16.1	68.8	0.4	18.6	1.3	24.4
⑬ 下层阶级的女性	20.2	45.3	1.6	37.0	4.1	56.6
⑭ 献身于家族企业的女性	0.0	2.5	19.0	57.0	10.7	92.3
⑮ 匠人的妻子	1.1	5.4	14.0	46.2	10.8	91.0
⑯ 女性"过剩人口"	0.0	1.4	16.4	67.1	4.1	91.7
⑰ 面临年老的女性	34.7	31.2	1.8	24.1	6.5	59.1

资料来源：根据 2015 年 SSM 调查数据算出。对象为 20—69 岁

图表 5－4　17组女性的意识

(%)

	对生活满意	高于一般人	自己是幸福的	健康状态好	支持自民党	不支持自民党	不支持任何政党
① 中小企业的老板娘	55.1	68.1	73.1	45.6	42.4	19.7	37.9
② 经营者的妻子	64.6	74.4	78.3	52.2	37.0	6.5	56.5
③ 双重收入的女性 I	38.5	52.4	79.0	51.4	19.2	14.4	66.4
④ 以家庭主妇为核心的组	46.7	51.5	73.4	44.4	22.5	11.7	65.8
⑤ 在职主妇 I	38.6	42.6	68.4	44.6	21.2	13.0	65.8
⑥ 跨阶级家庭的女性	35.8	27.1	65.1	42.2	22.2	14.8	63.0
⑦ 单身贵族们	33.6	36.2	50.7	48.3	12.8	15.5	71.6
⑧ 双重收入的女性 II	42.7	58.6	69.4	39.8	22.7	13.6	63.6
⑨ 双职工家庭的女工	34.2	20.5	62.2	41.1	27.0	12.6	60.4
⑩ 在职主妇 II	28.8	21.2	60.4	42.4	19.1	17.1	63.9
⑪ 工人阶级的妻子	36.6	23.7	58.2	35.4	21.5	16.9	61.6
⑫ 单身女性	35.3	27.3	51.8	47.2	17.3	8.4	74.2
⑬ 下层阶级的女性	24.3	18.0	42.4	41.8	12.6	13.9	73.5
⑭ 献身于家族企业的女性	38.8	39.3	65.0	40.2	33.3	16.2	50.4
⑮ 匠人的妻子	45.2	31.5	64.8	30.0	31.8	18.2	50.0

	对生活满意	高于一般人	自己是幸福的	健康状态好	支持自民党	不支持自民党	不支持任何政党
⑯女性"过剩人口"	31.5	15.1	56.2	38.4	14.1	18.3	67.6
⑰面临年老的女性	29.6	26.8	45.9	25.9	22.2	21.6	56.2

资料来源：根据 2015 年 SSM 调查数据算出。对象为 20—69 岁

注："高于一般人"为"上"与"中上"比率的合计，"自己是幸福的"是将幸福度按 10 分为满分来问时回答 7 分以上的人的比率。

图表 5 - 5　性别角色、性别规范与子女的教育

	不认为应该"男主外，女主内"	不认为"家务与育儿更适合女性"	同性也可以相爱	结了婚也不一定要孩子	平时平均家务时间	认为应让孩子尽量接受更高水平的教育的人的比率	认为除了学校教育以外应该为孩子请家教或让其上补习班的人的比率	认为应为孩子留下尽可能多的财产的人的比率	平均子女数	平均校外教育费（仅限于家有上小中高学校的孩子的人，每月金额）
	%	%	%	%	分	%	%	%	人	日元
①中小企业的老板娘	50.0	28.4	51.7	48.4	307	69.7	41.5	36.9	2.10	28 800
②经营者的妻子	37.2	13.3	46.3	40.0	450	73.3	41.5	30.4	2.09	41 000
③双重收入人家的女性 I	59.6	36.1	66.2	63.6	281	75.0	44.4	48.1	1.77	35 300
④以家庭主妇为核心的组	36.4	25.0	59.7	53.4	484	67.5	42.0	51.2	1.81	23 700
⑤在职主妇 I	51.6	39.2	62.7	52.1	307	75.1	44.3	39.6	1.98	20 000

	不认为应该"男主内，女主内"	不认为"家务与育儿更适合女性"	同性也可以相爱	结了婚也不一定要孩子	平时平均家务时间	认为应该让孩子尽量接受更高水平的教育的人的比率	认为除了学校教育以外应该为孩子请家教或让其上补习班的人的比率	认为应该为孩子留下尽可能多的财产的人的比率	平均子女数	平均校外教育家育费（仅限于上小中高学校的孩子的人，每月金额）
	%	%	%	%	分	%	%	%	人	日元
⑥跨阶级家庭的女性	70.4	44.8	67.9	55.1	311	54.4	32.3	41.2	1.93	21 700
⑦单身贵族们	55.6	31.7	65.7	61.4	95	61.9	26.1	49.6	0.53	15 100
⑧双重收入的女性Ⅱ	57.0	32.6	66.3	54.0	268	79.3	44.4	50.0	1.52	23 200
⑨双职工家庭的女工	55.0	41.5	50.5	47.3	264	46.8	29.8	47.7	1.90	19 900
⑩在职主妇Ⅱ	45.4	33.2	52.3	50.5	280	57.1	37.4	43.9	1.98	18 900
⑪工人阶级的妻子	40.9	28.6	57.8	50.0	507	54.0	33.7	46.0	1.90	13 700
⑫单身女性	52.3	32.3	68.2	65.0	81	49.8	29.2	48.8	0.47	14 800
⑬下层阶级的女性	53.4	36.8	54.8	53.2	163	51.6	31.7	43.9	1.17	9 900
⑭献身于家族企业的女性	50.4	29.8	38.2	32.5	250	65.8	26.9	29.2	2.22	11 600
⑮匠人的妻子	52.3	39.1	43.4	47.7	383	47.1	27.2	31.3	2.10	14 100
⑯女性"过剩人口"	50.7	23.9	49.3	49.3	296	55.2	29.2	40.9	2.01	12 400
⑰面临年老的女性	44.9	32.5	46.9	49.7	250	59.1	33.8	34.5	1.21	7 900

资料来源：根据2015年SSM调查数据算出。对象为20—69岁
注："同性也可以相爱""结了婚也不一定要孩子"的比率为"同意"与"总之同意"的合计。

但是值得注意的是,丈夫在结婚当初的所属阶级第二多的是工人阶级(29.9%)。他们大都在结婚后独立出来开始创业,然后夫妇合力筑就今日之地位。从其家庭结构来看,与丈夫的父母亲一同生活的人的比率达到17.4%,与有配偶的子女一同生活的人的比率达到11.6%,这两项比率都很高,说明她们的工作具有强烈的家族企业的性质,需要动员家中几代人一起努力。

对工作满意的人的比率为43.5%,对通过工作获得的收入感到满意的人的比率为42.0%,这两项比率之高,在有着各式各样的职业的12个组中排列第二和第一,说明有职业的女性还是很优越的。个人收入并不高但是感到满意的人很多,或许是因为家族企业性质决定了自己的收入与家庭收入并无多大区别。

但是,从对生活满意的人的比率(55.1%),以及认为自己“高于一般人”的比率(68.1%)来看,在所有组中占到第二位,尽管比率较高,但与比率第一位高的“经营者的妻子”(上述两项的比率分别为64.6%,74.4%)相比还是落后较多。就从“经营者的妻子”的丈夫的就业单位来看,29人以下的小微企业只占35.4%,30—299人规模的企业占37.5%,300人以上规模的企业占到25.0%,所以还是有一定的差距的。就此意义而言,她们并不能说是特权阶级,她们可以说是名副其实的“中小企业的老板娘”。

从她们对政党的支持来看,也是有着显著的特征。支持自民党的占到42.4%,在所有组中比率最高。再说了,与妻子同属资本家阶级的男性对自民党的支持率也相当高,达到了50.0%。由此可见,她们与她们的丈夫已成为自民党强有力的支持群体与基础。然而,她们对维新党的支持率也达到了9.1%,在所有组中是最高的。总之,这一组人在思想上都是相当保守的。

她们的这种保守性也反映在她们的性别作用意识上。反对"男主外,女主内"观点的人比率为50.0%,比大多数家庭主妇和兼职主妇组要高,但是在全日制工作8组女性中是最低的。而且,反对"家务与育儿更适合女性"观点的人的比率为28.4%,也是最低的。她们可以说就是这么一群拥有自己的职业,维持着高水准的生活,同时又保持着传统的性别作用意识,在政治上持保守态度的女性。

②没有工作—资本家阶级组:经营者的妻子

她们是一群家庭主妇,平均年龄在53.5岁,她们的丈夫都经营着企业。最主要的特征是她们的丈夫的平均年收入有1 136万日元,迄今为止是在所有组中收入最高的,家庭平均年收入也有1 226万日元,依然是所有组中最高的。无论是个人年收入还是家庭年收入,都比"中小企业的老板娘"的丈夫要高,这主要也是因为经营的企业规模更大的缘故。丈夫接受过高等教育的比率高达68.8%。从结婚时其丈夫所属的阶级来看,资本家阶级的比率为21.2%,远低于"中小企业的老板娘",新中产阶级占到38.5%之多。结婚后通过企业内职业经历的累积逐渐流动至资本家阶级,其中不少人属于工薪族类型的丈夫。只是在这些人中29人以下的小微企业也占到了35.4%,此外,结婚时还是属于工人阶级的丈夫也占到了34.6%的高比率,在阶层上可视为有相当部分的重叠。

刚才也已经涉及,对生活满意的人的比率有64.6%,在所有组中是唯一超过六成的组。认为自己"高于一般人"的比率也有惊人的74.4%之高,认为自己是幸福的人的比率也有78.3%,

属于第二高位。再者,认为自己很健康的人的比率也是最高的,达到52.2%。反映出其生活富足充实。

从其政治意识来看,支持自民党的占到37.0%,比率之高仅次于"中小企业的老板娘",支持其他政党的人很少,而不支持任何政党的高达56.5%。在性别意识和性别规范方面,属于极其保守。反对"男主外,女主内"观点的人的比率只有37.2%,位于倒数第二,反对"家务与育儿更适合女性"观点的人的比率极低,只有13.3%。而对"同性也可以相爱""结了婚也不一定要孩子"的观点却分别只有46.3%和40.0%等最低水平的支持率,与其他家庭主妇组的大多数人相比也属于极低的比率。

这一组还有一个显著特征就是热衷于孩子的升学问题,这一组73.3%的人认为"应该让孩子尽量接受更高水平的教育",41.5%的人认为"除了学校教育以外应该为孩子请家教或让其上补习班"。这些数字在所有组中未必是最高的,但是,家有小学生、中学生和高中生的人在校外教育中的投入则是最高的,达到平均每月4.1万日元,远超其他组的人。

她们对传统的性别角色规范深信不疑,在经营者丈夫的源源不断的支持下,一边热衷于让孩子接受高水平的教育,一边作为典型的家庭主妇维系着富裕安稳的日常生活。

3 新中产阶级女性

新中产阶级女性有五个组,即③ 新中产阶级—新中产阶级组,④ 没有工作—新中产阶级组,⑤ 兼职主妇—新中产阶级组,

⑥ 新中产阶级—工人阶级组,以及⑦ 新中产阶级—无配偶组。

③ 新中产阶级—新中产阶级组:双重收入的女性Ⅰ

她们主要是在企业、地方政府、学校等工作的专业人士,她们的丈夫大都是白领。平均年龄在44.6岁。工作单位最多的是在政府部门,占到33.3%,这一比率在所有组中也是最高的。平均年收入为359万日元,位居第二高,家庭平均年收入在997万日元,接近1 000万日元,仅次于资本家阶级的两个组。接受过高等教育的人的比率,本人占64.4%,丈夫占72.5%,双方比率都占到最高位。职种94.6%属于专业职位,其余的为管理职位或科长以上头衔的文职,以及服务职位等。丈夫的职种最多的是专业职位,占45.3%,其次为事务文职(31.8%),工作单位也是政府部门,占30.8%。

从家庭结构来看,73.8%的人与未婚子女共同生活,无子女者仅占15.1%。所谓的丁克家庭(Double Income No Kids＝双职工无子女夫妇)还是出奇的少。

对自己的工作内容表示满意的人占到45.6%,在有职业的12组中是最高的比率。此外,对自己通过工作获得的收入表示满意的人的比率,尽管被高居第一位的"中小企业的老板娘"盖过一头,但也达到了第二位的29.7%。而且认为自己"高于一般人"的比率也高达52.4%,位居第四,认为自己幸福的人的比率高达79.0%,高居第一位。健康状态良好的人的比率也达到了第二位的51.4%。只是对生活满意的人的比率为38.5%,不能算高,在所有组中基本上处于中间位置。虽然也属于富裕一组,但在政党支持方面与资本家阶级女性态度迥异,对自民党的支持率为19.2%,仅为资本家阶级女性的一半左右。

诚如所预料的,这一组女性具有较强烈的否定传统性别角色的倾向,59.6%的人反对"男主外,女主内"的观点,反对"家务与育儿更适合女性"观点的人有36.1%之多。而赞同"结了婚也不一定要孩子"的人的比率竟达到63.6%,在所有组中位居第二高,而在有配偶组中则高占第一位。

正因为这一组是因高学历而获得高地位与高收入的女性,所以她们特别热衷于孩子的升学问题。认为"应该让孩子尽量接受更高水平的教育"的人的比率(75.0%)与认为"除了学校教育以外应该为孩子请家教或让其上补习班"的人的比率(44.4%),在所有组中分别位居第三与第一。而实际上,她们每月平均在孩子的校外教育上花费约3.53万日元,这一金额仅次于"经营者的妻子",位居第二名。

从总体上来说,她们是富裕的女性,但在其内部也有较大的差距。这就是大学毕业的高级专业职位与不一定大学毕业的低级专业职位(如护士、保健师,保育员等)之间的差距。在专业职位中所占的比率基本相同,但是接受过高等教育的人获得高级专业职位的比率为86.8%,低级专业职位后者为44.9%,差距明显。其本人收入的平均值,前者为382万日元,后者为293万日元(家庭收入分别为1 023万日元与923万日元)。如前所见,对生活的满意度明显较低的正是低级专业职位的女性。今后,与福利、护理等相关的低级专业职位预计将会增加,她们与工人阶级的分界线有些微妙。

④ 没有工作—新中产阶级组:以家庭主妇为核心的组

她们主要是一群家庭主妇,她们的丈夫都是在企业工作的白领雇员。她们在全体女性中占到 7.8%，在所有组中位列第五。平均年龄为 44.8 岁。家庭平均年收入不算很高，为 691 万日元，但是丈夫的平均年收入达到 646 万日元，仅次于资本家阶级。从丈夫的职业来看，专业职务与办公室文职数量基本相同，这两种职务合计超过七成，其他主要是管理职务以及课长职务以上的销售职务等。

从就业单位的规模来看，55.3% 的人就职于 300 人以上的大企业，这一比率也是所有组中最高的。受过高等教育的丈夫的比率也达到第二位的 71.7%，在新中产阶级中也可以说是位列上层的。正因如此，她们才得以从工资劳动中获得解脱。但是从其本人的学历来看，受过高等教育的人的比率仅为 51.5%，并不算高。从这一意义上来说，就学历而言，她们中的大多数人可以说是"高攀"了。

正因为她们是一群拥有高工资丈夫的家庭主妇，所以对生活满意的人的比率达到了 46.7%，仅次于资本家阶级，认为自己是幸福的人的比率也高达 73.4%，在所有组中位列第三。但是，对自民党的支持率并不高，只有 22.5%，作为雇员家庭的有配偶女性，她们在政治上一般来说不能算是保守的。

她们中反对"男主外，女主内"观点的人的比率仅为 36.4%，是所有组中最低的，对传统的性别角色显示出较强的包容与接收的倾向。从事家务劳动的平均时间为每天 484 分钟，时长位居第二，反映出她们对家务劳动的细心与投入。

说起新中产阶级家庭的家庭主妇，给人一种对教育异常热心的印象。实际上确实如此，比如她们中认为"应该让孩子尽量接受更高水平的教育"的人的比率高达67.5%,认为"除了学校教育以外应该为孩子请家教或让其上补习班"的人的比率达到42.0%,两项比率可以说都相当高。但是,或许是由于其家庭收入并不算高的缘故,实际上对校外教育的投入只排到第四位,月平均投入约为2.37万日元,与"经营者的妻子"以及"双重收入的女性Ⅰ"相比,大为逊色。

她们有高学历高工资的丈夫,热衷于家务劳动与相夫教子,经济上即使不如"经营者的妻子"那般富裕,但她们依然过着幸福而平静的生活,可以说是"家庭主妇"的典型代表。

⑤ 兼职主妇—新中产阶级组:在职主妇Ⅰ

她们的丈夫大都是在企业中工作的新中产阶级,她们本人则是作为非正规工人在外打工的女性。每周平均劳动时间为25.0小时,本人平均年收入为104万日元。与"以家庭主妇为核心的组"相比,其丈夫的年收入为631万日元,仅少了15万日元,然而其丈夫接受高等教育的比率只有57.9%,在大企业工作的比率只有47.9%,差距甚大,因而在阶层上处于稍微低一点的位置。

对生活满意的人的比率为38.6%,在所有组中位于中间位置,认为自己"高于一般人"的人的比率(42.6%),与认为自己幸福的人的比率(68.4%)都处于中等偏上的位置。家庭平均年收入较高,达到772万日元,但是看上去不像"以家庭主妇为核心的组"那样具有满足感和幸福感。

她们中对"男主外,女主内"和"女性更适合家务与育儿"的观点持反对态度的人的比率分别为51.6%和39.2%,高于"以家庭主妇为核心的组"但是作为受雇工作的女性,这一比率不算高。平时的家务劳动时间平均为307分钟,短于家庭主妇,但是作为有工作的女性来说还是比较长的。

她们对孩子教育还是相当热心的。认为"应该让孩子尽量接受更高水平的教育"的人的比率较高,达到75.1%,在所有组中位列第二,认为"除了学校教育以外应该为孩子请家教或让其上补习班"的人的比率也有44.3%,位列第三。只是,对校外教育的实际投入并不高,约为2万日元。或许是因为她们中负有住宅贷款等债务的家庭比率占到62.4%,这也是她们外出打工的主要理由。

尽管她们的丈夫的收入较之常人稍高一些,但是为了贴补住宅贷款的债务和教育费,她们一边在外打工,一边还要兼顾家务劳动与照顾孩子等,所以,可以说她们依然还是平凡的主妇。

⑥ 新中产阶级—工人阶级组:跨阶级家庭的女性

她们自己主要是在企业或政府部门等工作的专业人士,丈夫主要在企业承担体力劳动的工作,有时夫妇俩在一个单位工作,成为分属于不同阶级的同事,甚至有时自己的地位高于丈夫。在英国的阶级研究中,她们就是作为跨阶级家庭而备受注目的家庭成员之一的女性,在此用略带学术性的术语称其为"跨阶级家庭的女性"。

她们平均年龄为42.1岁,在有配偶的组中年纪最轻。其重要的特征之一是,本人受过高等教育的人的比率为42.2%,丈夫为29.0%,本人的学历更高一些。在职业种类方面,本人中高达92.7%的人是专业人士,其余的为课长以上有头衔的人,相比之下,62.4%的丈夫从事体力劳动,其他为文职、销售、服务等职业。

反映出女性的工资水准总体上较低的现实,她们的平均年收人为 275 万日元,其丈夫的年收入却达到 417 万日元,还是丈夫的收入较高,与丈夫收入相同或高于丈夫的人占到了 32.7%,这一比率在所有组中是最高的。而其丈夫的收入在有配偶的 13 个组中位于倒数第五位。再细看这一组女性本人的职业状况,109 人中 51 人(46.8%)为护士,其次是保育员(11 人,10.1%),全体成员的 82.6% 为低级专业职务。家庭平均年收入为 728 万日元,高于"以家庭主妇为核心的组",在所有组中占到第六位。

对自己的工作内容感到满意的人的比率为 36.7%,不能算高。对从工作获得的收入感到满意的人的比率也只有 22.3%,仍然不高。认为自己"高于一般人"的人占 27.1%,认为自己幸福的人占 65.1%,这两项在所有组中处于中间偏下位,与所有比率都处高位的"双重收入的女性 I"形成鲜明的对比。而且,与家庭收入高的人相比,这个差距也还是明显存在的。她们的阶层归属意识似乎因工人阶级的丈夫而被拉低了。

她们的性别角色意识中有着特别明显的特征。这就是 70.4% 的人反对"男主外,女主内"的观点,此外,44.8% 的人反对"家务与育儿更适合女性"的观点,这些比率在所有组中,是迄今为止最高的。正因为她们是在阶级序列中被视为位于丈夫之上的女性,所以这种态度也是理所当然的。但是,她们平时用于家务劳动的平均时间为 311 分钟,作为全日制工作的有配偶女性,她们的家务劳动时长可以说是够长的,而且实际上她们似乎还承担了大部分的家务劳动。

她们有着作为专业人士的能力和职业经历,但是对工作却怀有诸多不满,而且即使她们有着平均水平以上的家庭收入,但是总体上来说,她们对生活也仍感到不满足。

⑦ 新中产阶级—无配偶者组:单身贵族们

她们主要是一群在企业或地方政府部门、学校等处工作的专业人士,同时也是无配偶的女性。平均年龄为37.5岁,是所有组中第二年轻的,本人平均年收入最高,达到360万日元。单看这些描述,很想称她们为单身贵族。但在详细了解了她们的一些不尽然的现实状态后,倒是想给"单身贵族"打上引号。

这群人中92.6%是专业人士,其余的是有课长以上头衔的人。其中,从事医疗、福利、保育等相关的低级专业职位占到59.1%,技术人员和教师也占到了33.6%,高级专业职种较"跨阶级家庭的女性"更多。受过高等教育的人的比率为62.4%,在所有组中位列第三。但是,她们对工作的内容与工作带来的收入的满意度较低,对工作内容的满意度在有工作的组中最低,对收入的满意度倒数第二。对生活的满意度及其阶层归属意识较为平均,认为自己幸福的人的比率仅为50.7%,倒数第三。对自民党的支持率很低,仅为12.8%,列倒数第二位,不支持任何政党的比率却高达71.6%,列第三位。

说起作为专业人士和管理人员的单身女性,人们脑海里往往会浮现出干劲十足地工作着并享受着单身生活的职业女性,也即字面意义上的"单身贵族"的形象。但是,她们的幸福感很低,这一现实状况与单身贵族的形象有些出入。实际上构成这一组的女性也是形形色色的,她们来自家庭结构与结婚经验迥然不同的各色人等。从家庭结构看,独居生活的占30.9%,与父母亲一起生活的占53.0%。从婚姻情况来看,这些人中有

28.9%的人经历了离婚与丧夫之痛，28.5%的人有孩子，18.8%的人与自己的孩子生活在一起。始终保持单身的人只有71.1%。

单身女性们总体上贫困率不高，仅为10.9%。但是，贫困率因家庭结构与结婚经历而大相径庭。一个人生活的贫困率极低，仅为2.4%，但有同居家属的人的贫困率就高达18.0%。此外，与单身的子女一起生活的人的贫困率更高，达到26.1%。而离婚与丧夫的人的贫困率为20.0%。

对比以前流行的"单身寄生虫"一词反映的形象，与父母亲一起生活的单身女性应该更富裕些，但是从贫困率来看，一个人生活的女性贫困率为12.1%，而与父母亲一起生活的女性竟然也有7.7%的贫困率，与前者并无很大的差别。而且从与父母亲一起生活的人的家庭收入的构成来看，女性本人收入为家庭的唯一收入的案例只有7.7%，本人的收入占到家庭收入的75%以上的案例有19.2%，本人收入占到家庭收入一半以上的有57.7%。

也就是说，并非是由父母亲来承担自己的生活费，而是本人负担生活费，承担着抚养父母亲的生活的女性更多。像单身寄生虫论认为的未婚且家庭其他成员的收入多于自己收入的案例，在这一组中并不多见，也就占10.9%。

就是说，这一组里不仅有享受着一个人的生活的职业女性，或让父母亲负担着自己的生活费过着优裕的生活的年轻未婚女性，更有着经历离婚与丧夫之痛还要养育子女的单身女性，以及一边努力工作一边侍奉父母亲的孝女等各种各样的单身女性。并不因为有一份专业的或管理的工作，她们的贫困风险就会低于其他的单身女性，她们也并不都是能够轻松愉快地生活的女性。

4　工人阶级女性

工人阶级女性有 5 个组,即⑧ 正规工人—新中产阶级组,⑨ 正规工人—工人阶级组,⑩ 兼职主妇—工人阶级组,⑪ 没有工作—工人阶级组和⑫ 正规工人—无配偶者组。

⑧ 正规工人—新中产阶级组:双重收入的女性Ⅱ

这一组是有着新中产阶级的丈夫,自己也是作为正规工人在工作着的女性。本人的平均年收入为 329 万日元,在所有组中位列第三。丈夫的平均年收入为 572 万日元,作为新中产阶级的男性,这一收入不算多,但是有妻子在从事全日制的工作,所以家庭平均年收入达到了 933 万日元,位列第四。受过高等教育的人的比率为 62.9%,仅次于"双重收入的女性Ⅰ",受过高等教育的丈夫的比率为 64.4%,稍微有些低。与"双重收入的女性Ⅰ"相比,她们的丈夫的阶层似乎处于偏下的地位。

如预料的那样,本人的职种 68.5% 为文职,她们大部分可以说都是在从事低工资的简单的文职工作,与丈夫一样,她们也是作为办公室的白领在工作着的,所以也可以勉强划入新中产阶级的范畴。实际上文职工作中还包括拥有主管以下的职位,可视为新中产阶级的女性。其他的职种主要有服务(14.6%)和体力劳动(9.0%)等。

她们对工作的内容以及工作报酬的满意度分别为 34.8% 和 21.6%,这些比率属于平均水平。对生活满意的人的比率、认为自己"高于一般人"的人的比率,以及认为自己幸福的人的比率处于中等偏上水平。

对孩子的升学非常热心，认为"应该让孩子尽量接受更高水平的教育"的人的比率高达 79.3%，认为"除了学校教育以外应该为孩子请家教或让其上补习班"的人的比率达到 44.4%，两项比率在所有组中都是最高的。后者的比率虽与"双重收入的女性Ⅰ"相同，但是对校外教育的实际投入月平均约为 2.32 万日元，较"双重收入的女性Ⅰ"少 1 万多日元。这或许是因为，这一组中，有住房贷款等债务的家庭的比率高达 65.4%，是所有组中最高的。虽说她们大部分人都是从事简单的文职、服务以及体力劳动的劳动，但是她们即使结婚以后也没间断工作，工龄的积累导致她们的工资也较高，可以过上较为富足的生活，堪称是女性工人阶级的上层。

⑨ 正规工人—工人阶级组：双职工家庭的女工

这一组的女性有着工人阶级的丈夫，自己也有着作为正规工人的工作。本人的平均年收入为 255 万日元，丈夫的平均年收入为 383 万日元，与"双重收入的女性Ⅰ、Ⅱ"相比，本人也好，丈夫也好，收入要低得多，家庭平均年收入竟有 300 万日元之差。受过高等教育的人的比率也低得多，本人占 25.2%，丈夫只有 18.4%，即使她们也是全日制的双职工，性质却大相径庭。

本人也是正规雇员，所以说她们是双重收入也没错，但是因为差距实在太大，所以将她们称为"双职工家庭的女工"，以示区别。本人的职种主要有文职工作（38.3%），体力劳动（25.2%）和服务（20.0%）等，第一线的工人占多数。但是，她们对工作的内容（40.0%），与能够得到的报酬（19.1%）大都比较满意,前者满意的比率超过了"双重收入的女性Ⅰ"。她们中71.3%的人的丈夫为手工劳动者。

对生活满意的人的比率处于中间位置的34.2%,当然,她们应该不会认为自己"高于一般人"的,然而依然有20.5%比率的人这样认为,还有62.2%的人认为自己是幸福的。令人稍感意外的是对自民党的支持率竟也达到了27.0%的高位,在雇员当中是最高的比率。

在性别角色意识方面没什么特征,作为全日制工作的女性,她们处于中位。对孩子的升学也不怎么热心,认为"应该让孩子尽量接受更高水平的教育"的人的比率为46.8%,认为"除了学校教育以外应该为孩子请家教或让其上补习班"的人的比率只有29.8%,前者的比率在所有组中最低,后者为倒数第六。

虽然不是富裕的女性,但是663万日元的家庭平均年收入还是略高于所有受访者的平均水平。所以说,她们的丈夫虽然工资不高,但是她们却是一群脚踏实地生活着的女性。

⑩ 兼职主妇—工人阶级组:在职主妇Ⅱ

这一组女性有着工人阶级的丈夫,自己也是作为兼职雇员等在工作着的非正规工人。她们在所有女性中占到10.7%,是比率最大的一组人。每周平均劳动时间为26.2小时,本人平均年收入为115万日元。从其丈夫的属性来看,平均年收入为389万日元,受过高等教育的人占比26.7%,其中,从事体力劳动的人占到64.7%,与"双职工家庭的女工"的丈夫在阶层上来说几乎没什么差别。但是,因为妻子的工作属于兼职等性质,收入仅停留在115万日元,所以家庭平均年收入很低,总共才545

万日元。另一方面,同样是兼职主妇,但是与丈夫为新中产阶级的"在职主妇I"作比较可见,丈夫为工人阶级的兼职主妇受过高等教育的人的比率为25.0%("在职主妇I"的这一比率高达47.7%),从事文职工作的人的比率也较低,只有22.1%(而"在职主妇I"则达到44.7%),而体力劳动者高达37.2%("在职主妇I"则为19.8%),两者性质差异较大。

对生活满意的人只有28.8%,这一比率甚至比下述的"下层阶级的女性"还要低。阶层归属意识和幸福感也很低。贫困率虽然并不高,只有8.6%,但是生活似乎很不容易。

反对"男主外,女主内""家务与育儿更适合女性"等观点,以及对性别角色分工持批判态度的人的比率分别为45.4%和33.2%,在受雇女性中可以说是比较低的。或许她们中有不少人是接受传统的性别角色规范,只不过为了生活不得已而工作的。

认为"应该让孩子尽量接受更高水平的教育"的人的比率达到57.1%,认为"除了学校教育以外应该为孩子请家教或让其上补习班"的人的比率为37.4%,不是很高,但是,对校外教育的投入平均每月也达到了约1.89万日元,在家庭年收入中所占的比例还是挺高的。负有房屋贷款等债务的家庭达到了53.0%,比率相当高,这或许也是她们必须从事兼职劳动的背景。

她们既要承担传统的家庭主妇的职责,又因丈夫的收入不足以维持家计而不得不从事兼职工作,即便如此,因贷款和教育费导致生活拮据,心中常怀不如意之感,她们依然努力地生活着。

⑪ 没有工作—工人阶级组：工人阶级的妻子

这一组女性的丈夫为工人阶级，她们主要作为家庭主妇操持着家务。在所有女性中占比 10.0%，仅次于"在职主妇Ⅱ"。在此要强调的一点是有着工人阶级丈夫的家庭主妇及兼职主妇在所有女性中是各占一成的大组。丈夫的属性包括，平均年收入为 406 万日元，受过高等教育的人的比率为 25.7%，体力劳动者为 60.6%，这与"双职工家庭的女工"、"在职主妇Ⅱ"没什么差别。但是，因妻子没有工作，家庭平均年收入较低，只有 486 万日元。贫困率相应较高，达到 17.3%。对自民党的支持率为 21.5%，属于中位，但是对于民主党（7.3%）与公明党（6.3%）的支持率则排到所有女性的第二和第三位高。

正因为她们都是家庭主妇，所以反对"男主外，女主内""女性更适合家务与育儿"等观点的人的比率比较低，分别只有 40.9% 和 28.6%。令人瞩目的是，尽管她们属于家庭年收入比较低的组，但是她们对生活满意的人的比率却相对较高，竟达到 36.6%。这或许是因为她们完全按自己的性别角色规范，作为家庭主妇而循规蹈矩地生活的缘故吧。她们平时每天的家务劳动时间平均为 507 分钟，是所有组中时间最长的。这也反映出这一组女性为以微薄的收入维持家计而精打细算过日子的情形。她们并非不在意孩子的升学，实在因为家计困难，所以对校外教育的投入较少，每月平均也就约 1.37 万日元左右。

同样是家庭主妇，与丈夫为新中产阶级的"以家庭主妇为核心的组"相比较，她们这一组丈夫的收入仅为其六成左右，由此，生活水准呈现出较大的差异。占所有女性的 10.0%，占有配偶没有工作的女性的44%的这么一个大组，与"以家庭主妇为核心的组"不同，她们从不曾被当成电视剧的主人公。或许很少有人能够想象她们的实际生活，但是，她们却是支撑工人阶级家庭的主角，是不可忽略的一群人。

⑫ 正规工人—无配偶者组：单身女性

这一组女性没有配偶，她们作为工人阶级的一分子，在企业或政府部门工作。平均年龄为35.9岁，在所有组中最年轻。本人平均年收入为299万日元，这一收入在全日制工作的雇员中属于中位。其中44.0%的人受过高等教育。职种中，文职最多，占到56.9%，其他的有服务，占22.4%，销售与体力劳动各占9.9%。对工作的满意度较为平均。

对生活满意的人的比率占35.3%，认为自己高于一般人的比率为27.3%，可以说是在中位，认为自己幸福的人的比率为51.8%，与单身贵族一样降低了。对性别角色分工的认识在全日制工作的女性中较为平均，但是持"同性也可以相爱""结了婚也不一定要孩子"的观点的人的比率分别为68.2%和65.0%，是所有组中最高的。或许是年纪还轻，这一比率甚至高出同为年轻人的单身贵族，堪称这一组的特征之一。

这一组与单身贵族一样，家庭结构与婚姻经历不同，由各色人等组成。一个人生活的较少，只有16.1%，与父母亲一起生活的人高达68.8%。而经历过离婚丧偶的人占26.3%，24.4%的人有孩子，19.9%的人与孩子生活在一起。

一个人生活的贫困率达10.0%，与家人一起生活的人的贫困率为13.4%，没什么区别。但是与父母亲一起生活的人的贫

困率只有 3.8%,相反与子女一起生活的人的贫困率却高达惊人
的 27.3%。离婚与丧偶的人的贫困率也很高,达到 20.9%,当然
这当中有很多部分是重复的。与父母亲一起生活的人的贫困率
与一个人生活的情况比较要低很多,这种情况表明,这一组无配
偶者与单身贵族不同,她们自己的收入不高,许多人还在依靠父
母亲生活。

从这一意义上来说,这一组当中貌似轻松的单身寄生虫女
性真的还是大有人在。但是,即使还在让父母亲负担着生活费,
一旦父母亲退休了的话,宾主角色互换,她们就必须承担起照顾
父母亲的职责,前景未必光明。

5　下层阶级女性

下层阶级的女性只有⑬ 非正规工人—无配偶者一个组。
这也是一群问题最严重的女性。

⑬ 非正规工人—无配偶者：下层阶级女性

她们作为非正规工人打着工,也没有配偶。她们在所有女
性中占到 8.3%,规模之大,位列第三。平均年龄为 44.2 岁,34
岁以下包括通常被定义为自由职业者的人的比率只占 34.2%,
40 岁以上的人占到 58.4%。本人的平均年收入只有 169 万日
元。家庭平均年收入有 304 万日元,在所有组中位列倒数第二,
贫困率高达 42.8%。受过高等教育的人的比率很低,只有
22.6%,职种为体力劳动和服务行业,均占 28.4%,文职工作占
22.6%,销售 19.3% 等等。就业单位以 29 人以下的小微企业居

多，占 36.9%。

一个人生活的人非常少，只有 20.2%，与父母亲一起生活的人有 45.3%。超过半数 55.1% 的人离婚或丧偶，56.6% 的人有孩子，41.1% 的人与孩子一起生活。当然，由于家庭结构与离婚或丧偶的经历，她们的经济状态也不同，不管哪一种情况，总之贫困率很高。对贫困率再做具体的比较的话，一个人生活的人贫困率占 36.4%，有家属的情况下占 45.7%。再关注一下与父母亲一起生活的情况，如果是一起生活的，贫困率占到 31.4%，未与父母亲一起生活的占到 46.6%，几乎没什么差别，唯有贫困率高的情况不变。是否与子女一起生活差别就很大，与子女一起生活的人贫困率升至 58.1%，不与子女一起生活，贫困率就下降到 30.3%，但是依然很高。未婚的人的贫困率为 27.7%，离婚或丧偶的人则高达 50.5%。

下层阶级女性与父母亲一起生活而贫困率依旧很高的原因，就像单身贵族一样，父母亲收入少，不少女性还要帮补维持家庭生计。再从与父母亲一起生活的情况下的家庭收入的构成来看，本人的收入是家庭的唯一收入的案例占 8.6%，本人的收入占家庭收入 75% 以上的有 20.0%，本人的收入占 50% 以上的为 48.6%。非正规工人的下层阶级还要抚养家中的老人，这正是这一组问题层出不穷的景象。对生活满意的人的比率为 24.3%，认为自己幸福的人的比率为 42.4%，都是所有组中最低的。

下层阶级女性对自民党的支持率最低，仅 12.6%，对其他政党的支持超过了前者，达到 13.9%，但是 73.5% 的人不支持任何政党，这一比率高居第二。对性别角色分工的观点没有突出的特征,认为"应该让孩子尽量接受更高水平的教育"以及"除了学校教育以外应该为孩子请家教或让其上补习班"的人的比率虽然并非最低,但还是很低。总之,对于挣扎在苦难生活中的她们来说,这些似乎都是与她们无关的问题。

正如第三章中详述到的,她们之中不少人似有抑郁的倾向,也不具有可以获得援助的社会资源。而且与男性下层阶级不同,她们中还有很多人肩负着养育子女的责任。必须承认,她们是现代阶级社会中矛盾最为集中的女性群体。

6　旧中产阶级女性

旧中产阶级女性有 3 个组,即⑭ 旧中产阶级—旧中产阶级组,⑮ 没有工作—旧中产阶级组和⑯ 兼职主妇—旧中产阶级组。

⑭ 旧中产阶级—旧中产阶级组:献身于家族企业的女性

这一组的女性与她们的丈夫一起经营着家族企业。平均年龄为 57.3 岁,是所有组中年龄最大的一组。本人的平均年收入较少,为 147 万日元,这是因为鉴于家族企业的性质使很多人回答个人收入为零,还有许多人没有回答的缘故,所以这个收入的数字没什么意义。家庭平均年收入为 688 万日元,与"以家庭主妇为核心的组"并驾齐驱,堪称相当富裕的女性,但是,组内差距也很大,所以贫困率也有点高,达到 14.5%。

从职种来看,农林渔业最多,占 30.6%,其次是文职(26.4%),以下依次为体力劳动(13.2%),服务业(12.4%),销售

（11.6%）等多种多样，不一而论。对工作内容满意的人的比率较高，达到 36.4%，对收入的满意度较低，仅为 16.8%。从职种来看对收入的满意度，尤其是农林渔业与体力劳动，满意度较低，由此，农家与街道工厂的经营困难状况可见一斑。对自民党的支持率达 33.3%，在资本家阶级以外是最高的，不支持任何政党的人较少，占 50.4%。

她们关于性别角色分工的意识稍显保守，最为显著的特征是对"同性也可以相爱""结了婚也不一定要孩子"的观点明确表示反对或支持这两种观点的人分别为 38.2% 和 32.5%，与其他组差距甚大，比率最低。正因为她们与丈夫一起经营家族企业，所以对现代性别角色分工未必持肯定的态度，但是对女性的生物学性质以及性别角色等，可以说是牢固地秉持传统观念。认为"除了学校教育以外应该为孩子请家教或让其上补习班"的人的比率仅为 16.9%，在所有组中倒数第二，现实中对校外教育的投入极少，每月平均约 1.16 万日元。

这一组女性植根于传统的家族企业，一方面是工作着的女性，另一方面却恪守和维持着传统的规范，堪称保守的女性。

⑮ 没有工作—旧中产阶级组：匠人的妻子

这一组女性是家庭主妇，她们的丈夫是经营家族企业或自由业的旧中产阶级。她们平均年龄 56.7 岁，位居第二。家庭平均年收入为 547 万日元，较"献身于家族企业的女性"少 141 万日元，贫困率较高，达到 16.1%。丈夫的职业多为体力劳动（47.3），农林渔业（18.3）次之，从职业小分类中可以看出其性格。最多的是农耕、养蚕业者（16 人），接下来依次为木匠、砌墙工、水管工、铁匠、金属加工者、电力工程、电话工程作业者、土木建筑承包商、油漆匠、画匠、招牌制作、泥瓦匠、架子工、按摩师、针灸师、柔道正骨师等。即根据丈夫个人的手艺展开的个人营业性的业务活计很多,这些手艺也不是能够很容易地传授给妻子的。她们即所谓的在背后默默支持一技在手的匠人丈夫的妻子。职工规模为"1人"的占到60.2%。包括17.2%的专业人士在内,宗教人士、文艺界人士、作家、雕刻家、画家、工艺美术家、个人教师等,也可以说是个人营业者。

她们的家计应该并不宽松,但是,令人意外的是她们对生活满意的比率却高达45.2%,31.5%的人认为自己"高于一般人"。或许是因为她们经年累月固守家庭,在背后默默地支持丈夫的工作所获得的一种成就感。对自民党的支持率较高,达到31.8%,对民主党支持率为8.0%,竟也达到了所有组中的最高,不支持任何政党的人占50.0%。

对孩子的升学似乎不怎么关心,认为"应该让孩子尽量接受更高水平的教育"以及"除了学校教育以外应该为孩子请家教或让其上补习班"的人的比率分别为倒数第二和倒数第三,在家庭主妇及兼职主妇中是最低的。是因为学历较低,还是因为一直支持薄技傍身的丈夫的缘故不得而知。她们就是这么一群在背后默默支持经营规模极小的自营业的、具有浓厚的旧中产阶级下层性格的女性。

⑯ 兼职主妇—旧中产阶级组:女性"过剩人口"

这一组女性的丈夫都是自己开业的旧中产阶级自营业者,她们自己则另外作为非正规工人在外工作。平均年龄为49.9

岁,作为旧中产阶级尚属年轻。丈夫的平均年收入为365万日元,是所有组中最低的,本人平均年收入为129万日元,家庭平均年收入为520万日元。贫困率较低,为5.8%,换句话说,她们若不工作,则有很多家庭就将陷入贫困状态。

本人的工作主要为服务(34.2%)、体力劳动(26.0%)、文职(23.3%)。丈夫方面的职种也是体力劳动(48.6%)居多,从其职业小分类来看,与"匠人的妻子"的丈夫一样,大多是个人经营的自营业。即使是专业人士(19.4%),也和"匠人的妻子"的丈夫一样,多属于个人经营的范畴,雇员规模71.2%为"1个人",比"匠人的妻子"还小。丈夫的职业是个人经营,事业规模实在太小,也不需要妻子帮忙,出于生计的考虑,只有另觅他职。

生活似乎并不轻松,对生活满意的人的比率只有31.5%,在所有组中倒数第四。认为自己"高于一般人"的人的比率最低,只占15.1%。认为自己是幸福的人的比率(56.2%)也很低。在政党支持方面自有特征,对其他政党的支持率达18.3%,超过了对自民党的支持率(14.1%),尤其是支持维新党的人很多,占到了7.0%。维新党能够获得"中小企业的老板娘"那样的所谓层次较高的旧中产阶级女性以及可以说是旧中产阶级中最下层的女性的共同的支持,实在是一件意味深长的事。

她们在经济结构中所占的位置,可以用"过剩人口"来表述。这一不把人当人来表述的经济学术语主要是指,相对人口而言,因就业机会太少而不得已从事低收入的职业的人们。她们及她们的丈夫大都是收益力不强的自营业部门内部形成的过剩人口,她们的丈夫还在继续着一些琐碎的事业,而她们则将丈夫留在自营业里自己却投身于劳动市场,成为受雇的工人。她们既是旧中产阶级的下层,也是工人阶级的下层,可以说是带有极强的两重意义上的下层的性格。

⑰ 没有工作—无配偶者组:面临年老的女性

这一组是没有工作没有配偶的女性。作为本书的分析对象,年龄限定在 69 岁以下,平均年龄为 53.3 岁,在所有组中位列第五,但是,60 岁以上的比率占到 53.5%,仅次于"献身于家族企业的女性"。平均年龄并不算很高,是因为 40 岁以下的女性占到了 1/4,这些女性以后大都还是要结婚的,现在只不过是所谓的"帮助家务劳动"或暂时失业的人,她们并非这一组当中的核心成员。所以下文主要就 40 岁以上的人进行论述。尽管如此,她们人数也相当多,占到了所有女性的 4.8%。

平均年龄为 60.6 岁。从配偶关系来看,未婚占 26.2%,离婚占 24.6%,丧偶占 49.2%,离婚丧偶者总共占到约 3/4。一个人生活的占 42.3%,26.2% 与未婚子女,8.5% 与已婚子女一起生活,17.7% 与父母亲一起生活。即这一组人当中,以一个人生活、自己须直面自己的衰老的女性为核心,还包括了经历过离婚和丧偶现在与子女一起生活的女性,一方面要面对自己的高龄期,另一方面还要照顾更衰老的父母亲的女性,以及依靠孩子迎接自己的高龄期的女性等,凡此种种,不一而论,总之是直面衰老的女性。

平均年收入为 132 万日元。占半数(48.8%)左右,或 60 岁以上的 2/3(65.6%)左右的人回答说自己的收入只有公共养老金。家庭平均收入极低,只有230万日元,贫困率高达55.9%,尤其是一个人生活的情况下,高达60.0%。

对生活满意的人的比率占32.6%,认为自己"高于一般人"的人占26.4%,认为自己幸福的人的比率为47.1%,这些回答的比率都很低。回答健康状态"好"的人的比率最低,只有25.9%,这一比率低与其说是因为老年人多,不如说是因为四五十多岁的人当中,健康状态很差的人居多的缘故,就是因为这一组中包含了太多像她们这样因体弱多病而无法就业的人。在政党支持方面,支持公明党的人占8.1%,在所有组中最高。经历了人生中许多的生离死别,没有安定的收入,健康方面问题重重,还要担心生活中的种种风险,这一组的女性们就这样在风雨交加中走向衰弱的未来。

7　女性与阶级社会

比男性更为严重的差距

如上所述,以本人所属的阶级、配偶关系与丈夫所属的阶级为核心来观察女性,我们将通常可以想象的范围内的各种女性的生活及其生命历程归纳为17个模式。确实决定她们人生的重要因素与男性相比更为复杂。但是,尽管如此,她们中大多数人的人生还是取决于本人所属的阶级、配偶关系以及丈夫所属的阶级等少数几个因子。而且她们若是处于夫妇双方都是资本家阶级或新中产阶级等有利的条件相重合的情况下,那就能够过上非常富裕的生活;反之,夫妇双方都处于下层阶级或者本人为下层阶级或没有工作或没有配偶等不利的条件层层叠加的情况下,则她们的生活就将极为严酷。就此意义而言,她们之间的差距远比男性之间的差距更为严重。

实际上这些组在其人生旅途中大都会环环相扣地联系在一起。我们可以这样去想象。

大多数女性一开始都为年轻单身的"⑦ 单身贵族"或作为"⑫ 单身女性"踏上社会。然后过了若干年,她们中多数人一边在学历与职种的规范下行路,同时找到她们的人生伴侣,进入人生下一个阶段。在此节点,决定她们人生的重要因素主要有,第一,得到的伴侣属于哪个阶级?第二,能否继续从事其全职工作?不能的话,她们就成了家庭主妇或作为兼职主妇再工作。这些状况决定了她们的婚后生活。还有一部分女性继续过着"⑦ 单身贵族"或"⑫ 单身女性"的生活,此外,曾经结婚的部分女性在经历了离婚、丧偶后也会再度流入单身组。

其后,渐渐老去。在现实中,很多女性在丧偶后的数年乃至十数年间,以"⑰ 面临年老的女性"的处境孤独地生活着。她们在这一次的以 69 岁以下的女性为统计对象的调查中,只不过占全体女性的 5.8%,在调查对象扩展到 79 岁的 2015 年 SSM 调查中,她们也仅占 11.1%。但是,女性平均寿命更长,而且在夫妇二人中女性年龄通常要小于其丈夫,所以,现实中大多数女性在人生的尽头都是一个人度过这必然到来的阶段。

就这样,以结婚、离婚和丧偶为节点,她们在阶级结构中所占的位置会发生很大的变化。女性在以不同于男性的方式,但确实比男性更为严酷的形式体验着阶级社会。

副表 1　有职业的 12 组女性

(%)

	本人的职种								从业单位的规模				对工作内容满意的人的比率	对工作收入满意的人的比率	每周平均劳动时间(小时)
	专业职务	管理	文秘	销售	服务	保安	农林渔	体力劳动	29人以下	30~299人	300人以上	官公厅			
① 中小企业的老板娘	4.4	4.4	55.9	5.9	16.2	0.0	7.4	5.9	85.5	14.5	0.0	0.0	43.5	42.0	33.5
③ 双重收入的女性 I	94.6	2.0	1.3	0.0	1.3	0.0	0.0	0.7	19.4	30.6	16.7	33.3	45.6	29.7	37.7
⑤ 在职主妇 I	0.0	0.0	44.7	14.7	18.8	0.0	2.0	19.8	29.6	30.2	34.1	6.1	36.0	22.3	25.0
⑥ 跨阶级家庭的女性	92.7	0.0	5.5	0.9	0.9	0.0	0.0	0.0	31.8	34.6	22.4	11.2	36.7	22.9	38.0
⑦ 单身贵族们	92.6	1.3	3.4	2.0	0.7	0.0	0.0	0.0	26.4	28.4	23.6	21.6	30.9	16.2	43.6
⑧ 双重收入的女性 II	0.0	0.0	68.5	7.9	14.6	0.0	0.0	9.0	21.6	20.5	43.2	14.8	34.8	21.6	39.8
⑨ 双职工家庭的女工	0.0	0.0	38.3	15.7	20.0	0.9	0.0	25.2	24.6	36.8	36.0	2.6	40.0	19.1	41.0
⑩ 在职主妇 II	0.0	0.0	22.1	14.7	24.4	0.3	1.3	37.2	34.3	32.5	28.1	5.1	31.7	23.5	26.2
⑪ 单身女性	0.0	0.0	56.9	9.9	22.4	0.0	0.9	9.9	25.1	33.0	30.0	11.9	35.5	22.9	42.9
⑬ 下层阶级的女性	0.0	0.0	22.6	19.3	28.4	0.4	0.8	28.4	36.9	26.2	33.6	3.3	35.3	15.4	32.8
⑭ 献身于家族企业的女性	5.8	0.0	26.4	11.6	12.4	0.0	30.6	13.2	100.0	0.0	0.0	0.0	36.4	16.8	34.5
⑯ 女性"过剩人口"	0.0	0.0	23.3	16.4	34.2	0.0	0.0	26.0	37.5	28.1	26.6	7.8	32.9	28.8	24.7

资料来源：根据 2015 年 SSM 调查数据算出。对象为 20—69 岁

(%)

副表 2　13 组丈夫的职业

	丈夫的职种								从业单位的规模			
	专业职务	管理	文秘	销售	服务	保安	农林渔	体力劳动	29 人以下	30~299 人	300 人以上	官公厅
① 中小企业的老板娘	17.6	11.8	5.9	23.5	14.7	0.0	7.4	19.1	88.4	11.6	0.0	0.0
② 经营者的妻子	4.2	45.8	14.6	14.6	2.1	0.0	0.0	18.8	35.4	37.5	25.0	2.1
③ 双重收入的女性 I	45.3	8.8	31.8	8.1	1.4	0.7	0.0	4.1	8.3	24.8	36.1	30.8
④ 以家庭主妇为核心的组	36.7	11.5	35.8	8.8	2.2	0.4	0.9	3.5	9.0	19.1	55.3	16.6
⑤ 在职主妇 I	27.8	11.3	41.8	7.2	1.0	1.5	0.0	9.3	12.4	23.7	47.9	16.0
⑥ 跨阶级家庭的女性	0.0	0.0	1.8	20.2	8.3	5.5	1.8	62.4	27.4	35.8	29.5	7.4
⑧ 双重收入的女性 II	22.5	11.2	48.3	7.9	3.4	0.0	0.0	6.7	11.1	24.7	46.9	17.3
⑨ 双职工家庭的女工	0.0	0.0	2.6	17.4	5.2	3.5	0.0	71.3	33.0	33.0	30.1	3.9
⑩ 在职主妇 II	0.0	0.0	5.1	15.7	5.8	6.4	2.2	64.7	30.8	35.2	29.6	4.5
⑪ 工人阶级的妻子	0.0	0.0	5.5	15.1	9.6	6.8	2.4	60.6	26.4	28.1	34.5	11.1
⑭ 献身于家族企业的女性	8.3	0.8	2.5	19.2	11.7	0.0	31.7	25.8	100.0	0.0	0.0	0.0
⑮ 匠人的妻子	17.2	0.0	2.2	11.8	3.2	0.0	18.3	47.3	100.0	0.0	0.0	0.0
⑯ 女性"过剩人口"	19.4	0.0	5.6	16.7	1.4	0.0	8.3	48.6	100.0	0.0	0.0	0.0

资料来源：根据 2015 年 SSM 调查数据算出。对象为 20~69 岁

第六章
关于差距的对立关系结构

差距也是政治上争论的一个焦点问题,有人认为,这一差距正在扩大,但也有人持反对意见,认为差距并没有扩大。有人主张,既然贫困阶层的人数在增加,理应提高低收入人群的收入,反对派则坚持,收入低是低收入者自己的责任,应放任自流。人们对差距的认识及其对现状的评估形形色色,莫衷一是。这种认识上的差异可以说也是缘于各自不同的政治立场。数据分析的结果显示,大多数人都持有两种对立的立场。一些人一方面承认差距扩大的事实,认为缩小差距是必要的,但同时又反对扩大军备,反对民族主义的排外主义。还有一些人则根本不承认差距扩大的事实,因而他们反对那些旨在缩小差距的政策,可是他们同时又支持扩大军备,对民族主义的排外主义持宽容的态度。这些就是传统的左派与右派的立场。但是,还有些人既赞同缩小差距,同时也支持军备的扩大和排外主义,这些当然是少数派。所以说,有关差距的政治性对立的状况并不简单。

1 年轻人是否正趋于保守

数据显示

进入 21 世纪伊始,"年轻人的保守化"一词开始盛行。它源于以下一系列事件:一开始引起热议的是,在小泉纯一郎首相领导下的自民党在 2005 年的众议院议员选举(所谓的"邮政选举")中获得了压倒性的胜利,而在这中间,许多年轻人都投了自民党的票。其后,在2014年的东京都知事选举中,以右翼言行著称的田母神俊雄又从年轻人处获得了不少选票。还有,据报道,在每次投票结束时在出口处所做的调查结果显示,年轻人大都投了执政党的票。

除此以外,在互联网的公告板、博客等上面日积月累日益扩大的右翼性、排外主义的(特别是针对中国与韩国的)言论甚嚣尘上,而发出这些言论的博主、键盘侠们被称为"网络右翼"。据说,这批人大多数是年轻人,而且是没有固定工作的低收入的年轻人。针对这一传言,樋口直人作了如下阐述。

> 在涉及到网络右翼的论题时,某种如标配般的说辞必定如影随形。即在这些网络右翼中必有挣扎谋生于社会的边缘或底层的,充满疏离感与怀才不遇的愤懑之情的人们。这些人大都是男性,他们在网络上发泄着累积的不满,将一腔怨气撒到韩国、中国以及"在日外国人"等"敌对者"的身上。(樋口直人《日本型排外主义》)

樋口曾就此问题采访过排外主义运动的活动家们,其调查结果显示,排外主义运动的活动家当中大学毕业生居多,其中大部分人都是正规就业的白领。这一事实否定了上述说辞。同样以"网络右翼"自居、在互联网上拥有众多粉丝的古谷经衡也曾在网上做过独立的调查,对象基本上都是在网上与自己有交流的人(如推特或脸书上的好友),其结果也显示,大多数"网络右翼"分子都是三四十多岁的白领与自营业者,大学毕业生超过六成,收入也较高(《网络右翼的逆袭》)。由此可见,排外主义运动的活动家或活跃于网上的"网络右翼"是底层年轻人的说法纯属违背事实的无稽之谈。

那么,并不活跃的一般年轻人是否越来越保守呢?我们用数据来证明吧。

图表6-1显示的是不同的年龄层,从1985年到2015年为止的30年间对自民党的支持率的变化。1995年所有的年龄层对自民党的支持率都大幅下降,这是因为新党的成立导致对政党的支持的结构发生了暂时性的巨大变化,我们从观察长期变化的角度,将其忽略。除此以外,我们可以看到如下的趋势。

图表6-1　自民党支持率的变化

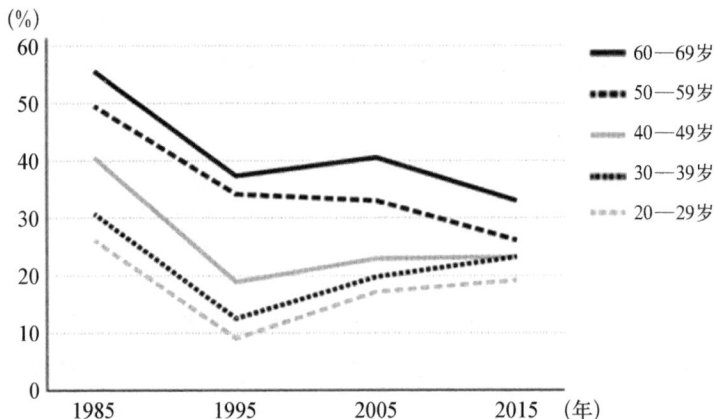

资料来源:根据 SSM 调查数据算出

首先,对自民党的支持率,从1985年到2005年为止,所有的年龄层都下降很多。其中,下降幅度较大的是40岁以上的人群,40 岁以下下降幅度较小,这主要是因为 40 岁以下的人群的支持率本来就很低,从比率上来看减少了三成或四成,差别不大。但是,到了 2015 年,50 岁以上的人群的支持率持续下降,40—49 岁的人的支持率横向徘徊,相比之下,40 岁以下的人群的支持率反而有所上升,由此,由不同年龄层显示出的支持率的差距缩小了。即 40 岁以下的年轻人对自民党的支持率并没有显著上升,只不过其支持率没有继续下降罢了,另一方面,50 岁以上的支持率下降了,相较之下,年轻人的亲"自民色"浓厚了一些。所以,仅此而言,说年轻人趋于保守也无不可。

"排外主义"与"重视军备"的现象

那么,就此是否就可认为现在的年轻人对"网络右翼"所表现出来的排外主义,或者说是国家主义的主张有共鸣呢? 在 2016 年的首都圈调查中,曾就此问题专门设计列出了一组通常的舆论调查不会涉及的问题。将表现"右翼心态"的主张直接提了出来,询问受访者赞同与否。问题内容与整个调查的统计结果如下:

(1)"不希望自己居住的地区外国人越来越多"

非常赞同	1.1%
有些赞同	36.1%
不太赞同	40.2%
根本不赞同	7.1%
不知道	6.5%

（2）"中国人和韩国人对日本的评价太坏"

非常赞同	33.2%
有些赞同	40.2%
不太赞同	17.3%
根本不赞同	2.1%
不知道	7.2%

（3）"最好能够修改日本国宪法、拥有军队"

赞同	2.6%
不好说	28.8%
不赞同	49.4%
不知道	9.1%

（4）"美军基地集中在冲绳也是无可奈何的事"

赞同	15.0%
不好说	33.5%
不赞同	41.2%
不知道	0.3%

对于"不希望自己居住的地区外国人越来越多"一题，赞同与反对基本上各占一半。相比较而言，对第2题"中国人和韩国人对日本的评价太坏"，赞成的人（包括"非常赞同"和"有些赞同"）占七成以上，而反对的人包括"不太赞同"和"根本不赞同"加起来也就19.4%，不到两成。当然，在此回答赞同的人并不都是种族主义者，从广义上来说，对于反中、反韩的一连串主张，令人意外地拥有广泛的拥趸。

对于"最好能够修改日本国宪法、拥有军队"一题，其结果与大多数舆论调查一样，反对的人大大超过了赞成的人。尤其是女性，反对的人高达56.5%。但是，如果将"无所谓"视为接受派，那么，就不得不承认，"赞成"+"接受"与"反对"是处于对立的观点。其后的"美军基地集中在冲绳也是无可奈何的事"的问题是这一调查中最怕看到结果的一道题目。结果，反对大大超过了赞成。但是，与上一题一样，若将"无所谓"视为接受派，那么，"赞同"+"接受"还稍微超出了"反对"一些。

接下来不出所料，第1题与第2题、第3题与第4题的答案是有密切关系的，赞同第1题的人有较强的倾向也会赞同第2题，赞同第3题的人有较强的倾向也会赞同第4题。比如对第1题回答"非常赞同"的人当中有74.6%的人对第2题也回答了"非常赞同"，回答"根本不赞同"的人当中，这一比率只有22.4%。同样对第3题回答"非常赞同"的人当中有48.6%在第4题中也回答了"赞同"，但是，回答"根本不赞同"的人只有8.0%。因此，第1与第2题，第3与第4题的主张分别归纳的话，前者可称之为"排外主义"，后者可称之为"军备重视"。

那么，根据不同的年龄层来看一看这些答案，会有怎样的结果呢？如图表6－2所示，结果简单明了。年轻人与其他年龄层的人相比，并没有明确支持"军备重视"的主张。确实，对"军备重视"这一题，20多岁的年轻人回答"赞同"和"无所谓"的比率略高一点，而"根本不赞同"的比率低一点，但也不能说与其他年龄层的人有很大的差异。其次，就"排外主义"而言，高年龄层的人反而支持力度更强，20多岁的低年龄层当中，"排外主义"倾向是最弱的。尤其是对"中国人和韩国人对日本的评价太坏"这一题，20

多岁的年轻人回答"非常赞同"的只有 26.2%，而到 50 多岁为止，这一回答的比率一直在上升。所以可以认为，现代的年轻人比其他年龄层的人更理解中国人和韩国人对日本的批评。

图表 6-2　年轻人是否支持排外主义与重视军备

(1) 不希望自己居住的地区外国人越来越多(%)

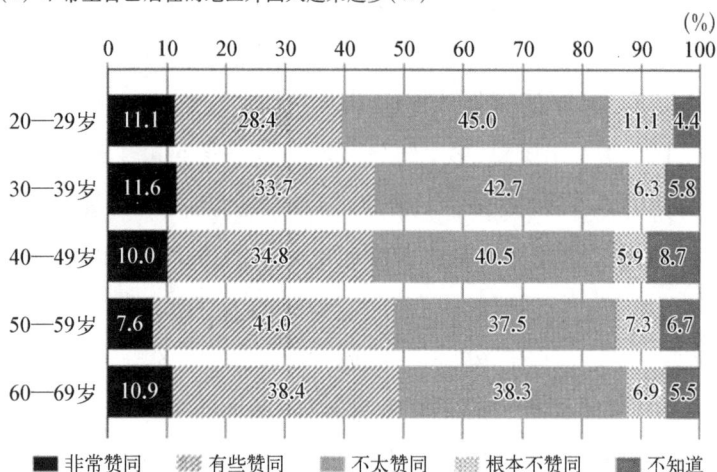

(%)

年龄	非常赞同	有些赞同	不太赞同	根本不赞同	不知道
20—29岁	11.1	28.4	45.0	11.1	4.4
30—39岁	11.6	33.7	42.7	6.3	5.8
40—49岁	10.0	34.8	40.5	5.9	8.7
50—59岁	7.6	41.0	37.5	7.3	6.7
60—69岁	10.9	38.4	38.3	6.9	5.5

■ 非常赞同　▨ 有些赞同　▨ 不太赞同　▨ 根本不赞同　▨ 不知道

(2) 中国人和韩国人对日本的评价太坏(%)

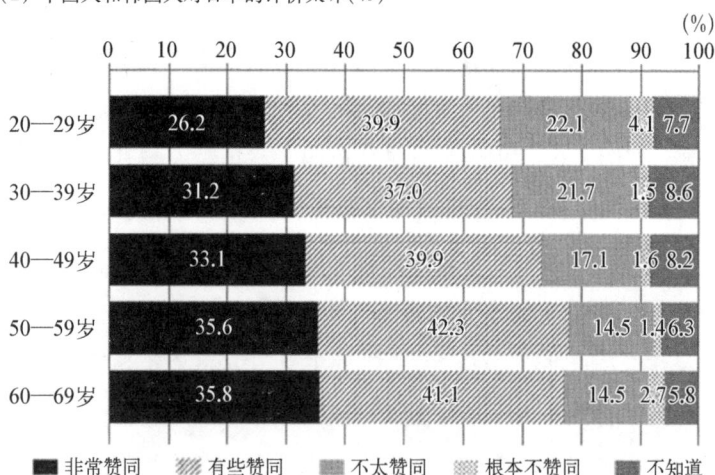

(%)

年龄	非常赞同	有些赞同	不太赞同	根本不赞同	不知道
20—29岁	26.2	39.9	22.1	4.1	7.7
30—39岁	31.2	37.0	21.7	1.5	8.6
40—49岁	33.1	39.9	17.1	1.6	8.2
50—59岁	35.6	42.3	14.5	1.4	6.3
60—69岁	35.8	41.1	14.5	2.7	5.8

■ 非常赞同　▨ 有些赞同　▨ 不太赞同　▨ 根本不赞同　▨ 不知道

（3）最好能够修改日本国宪法、拥有军队(%)

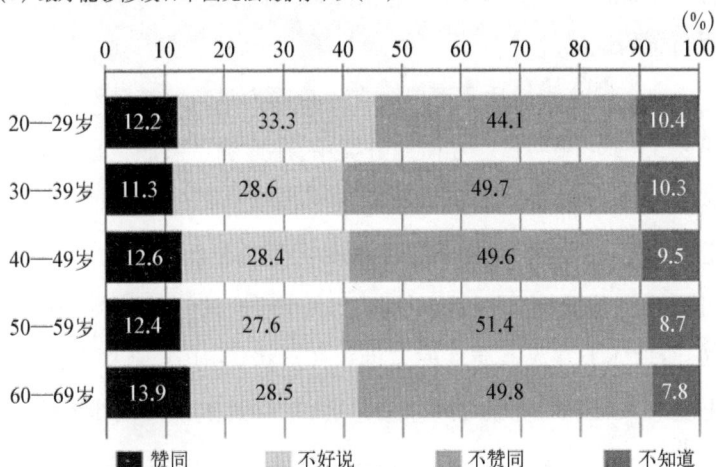

年龄	赞同	不好说	不赞同	不知道
20—29岁	12.2	33.3	44.1	10.4
30—39岁	11.3	28.6	49.7	10.3
40—49岁	12.6	28.4	49.6	9.5
50—59岁	12.4	27.6	51.4	8.7
60—69岁	13.9	28.5	49.8	7.8

■ 赞同　　□ 不好说　　▨ 不赞同　　▩ 不知道

（4）美军基地集中在冲绳也是无可奈何的事(%)

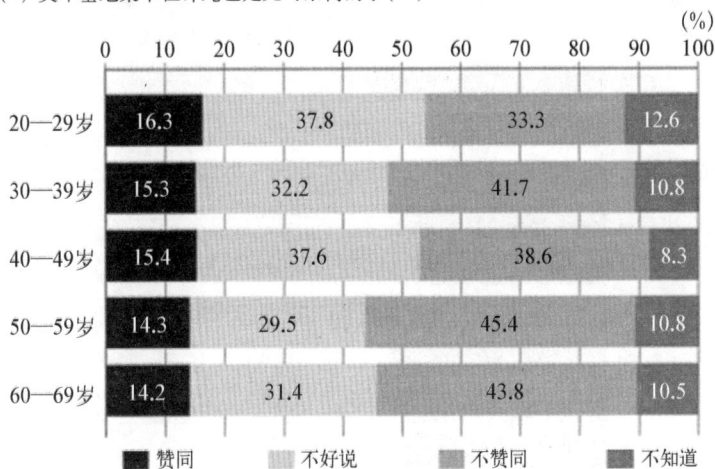

年龄	赞同	不好说	不赞同	不知道
20—29岁	16.3	37.8	33.3	12.6
30—39岁	15.3	32.2	41.7	10.8
40—49岁	15.4	37.6	38.6	8.3
50—59岁	14.3	29.5	45.4	10.8
60—69岁	14.2	31.4	43.8	10.5

■ 赞同　　□ 不好说　　▨ 不赞同　　▩ 不知道

资料来源：根据 2016 年首都圈调查数据算出

　　那么认为低学历低收入的底层年轻人正趋于保守化的主张是否正确呢？我们用同样的统计数据,以 30 岁以下的年轻人为对象,按不同的学历、不同的收入等不同的阶级重新进行分析以后,并未得出底层年轻人具有很强的"排外主义""军备重视"的倾向的结果。

这一结论同样适用于以所有年龄层为对象的统计结果。从图表6-3可窥一斑。在阶级分类中,还追加了兼职主妇。最明显不过的是男女差别,男性表现出更强烈的排外主义倾向。这主要是由一批学历为中学毕业的受访者的较低比率的"非常赞同"和"有些赞同"和较高比率的"不知道"的回答所导致的结果,而总体上并无实质性的差别。在阶级类别中,新中产阶级、正规工人及下层阶级之间并无差别,只有资本家阶级排外主义

图表6-3 排外主义与社会属性(对"中国人和韩国人对日本的评价太坏"的回答)

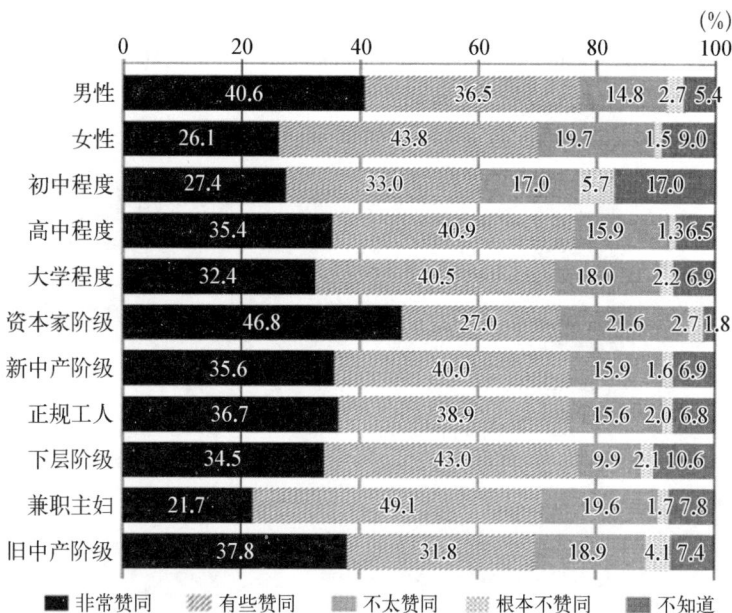

(%)

	非常赞同	有些赞同	不太赞同	根本不赞同	不知道
男性	40.6	36.5	14.8	2.7	5.4
女性	26.1	43.8	19.7	1.5	9.0
初中程度	27.4	33.0	17.0	5.7	17.0
高中程度	35.4	40.9	15.9	1.3	6.5
大学程度	32.4	40.5	18.0	2.2	6.9
资本家阶级	46.8	27.0	21.6	2.7	1.8
新中产阶级	35.6	40.0	15.9	1.6	6.9
正规工人	36.7	38.9	15.6	2.0	6.8
下层阶级	34.5	43.0	9.9	2.1	10.6
兼职主妇	21.7	49.1	19.6	1.7	7.8
旧中产阶级	37.8	31.8	18.9	4.1	7.4

资料来源:根据2016年首都圈调查数据算出
注:下层阶级的调查对象,年龄均为59岁以下。

倾向越来越强。而排外主义倾向最弱的是兼职主妇。

但是,更详细地分析下去的话,不可否认下层阶级的人与排外主义之间有某种联系。关于这个问题将在后文详叙。

2　对差距的认识

对"自我责任论"的态度

在2016年首都圈调查中,就人们对差距的认识设计了各种问题。其代表性的问题及其统计结果如下:

（5）"与以前相比,日本的贫困层的人数在增加"

非常赞同	16.7%
有些赞同	43.1%
不太赞同	29.0%
根本不赞同	1.2%
不知道	10.0%

（6）"现在的日本收入差距太大了"

非常赞同	23.5%
有些赞同	52.5%
不太赞同	18.1%
根本不赞同	1.2%
不知道	4.7%

（7）"贫困是因为不努力"

非常赞同	5.0%
有些赞同	30.4%

不太赞同   42.3%

根本不赞同   13.7%

不知道   86.0%

（8）"只要努力,谁都能富裕"

非常赞同   4.4%

有些赞同   33.0%

不太赞同   48.4%

根本不赞同   94.0%

不知道   48.0%

对"与以前相比,日本的贫困层的人数在增加"这一题回答
"非常赞同"和"有些赞同"的人合计达到六成。而对"现在的日
本收入差距太大了",回答"非常赞同"和"有些赞同"的人合计
达到76.0%,超过了四分之三。由此可见,在日本,人们对收入
差距过大的事实已经在很大程度上有了固定的认识,此外,对贫
困层在扩大的事实也越来越有了共识。

接下来两个问题是从有别于 SSM 调查问卷(参照第一章)
的观点提出的"自我责任论"的主张。对"贫困是因为不努力"
一题,回答"非常赞同"的人很少,只有 5.0%,但是从 30.4%的人
选择"有些赞同"的回答来看,认为贫困是自己的责任的还是大
有人在的。相反,认为能否变得富裕也取决于自身的题目"只
要努力,谁都能富裕",回答的分布基本相同。可以说,支持自
我责任论的人与反对的人的比率为 2 比 3 左右吧。

这也像预料中的那样,第 5 题与第 6 题,第 7 题与第 8 题的

回答有密切的关系,对第 5 题回答赞同的人也会赞同第 6 题,赞同第 7 题的人在很大程度上也会赞成第 8 题。比如在回答"非常赞同"第 5 题的人当中,有 56.0% 的人对第 6 题也回答"非常赞同",回答了"根本不赞同"的人只有 13.8%。同样,"非常赞同"的第 7 题的人中对第 8 题也回答"非常赞同"的占 27.4%,"有些赞同"的占 41.0%。对第 7 题回答"根本不赞同"的人中,对第 8 题回答"非常赞同"的只有 3.5%、"有些赞同"的也只有 17.0%。

由此,我们简单归纳第 5 题与第 6 题以及第 7 题与第 8 题的主张,前者可以称之为"对差距扩大的认识",后者可以称之为"自我责任论"。这些主张中均含有价值判断的成分。前者包含了对差距"过大"的判断,这是贫困这一概念中"不可或缺"的微妙含义。而后者则产生于富裕与贫困皆为自我责任的认知,它的价值判断在于不把差距视作社会问题。

所属阶级导致的认识差异

笔者在前面第二章中写到过,论述阶级结构的人本身也是隶属于某一个阶级。此时,论者会将社会描述成对自己有利的"样式"。特权阶级会隐藏自己受惠的立场,主张现在的社会差距很小。反之,底层阶级的人会强调差距很大。如此,差距究竟是大还是小,其本身就已成为阶级间的政治上对立的争论焦点。就此意义而言,"对差距扩大的认识"将成为下层阶级的人或者对下层阶级的人们抱有同情和同感的人们的一种政治立场。自我责任论里也存在着同样的政治性立场。因为它将差距与贫困归结于自我责任,从而将特权阶级的特权当作理所当然的产物而正当化,并且免去了政府和企业等带来差距与贫困扩大的责任,因此,它所表明的不过是特权阶级的,或者说是拥护政府和企业的人们的政治立场而已。

因此,这种对差距的认识与其所属的阶级关系密切。图表6－4即反映了这一状况(为了避免繁杂的因素,我们的统计剔除了回答"不知道"的选项)。从第5题可以看出,大多数的阶级中都约有三分之二的受访者,底层有八成的受访者认为,贫困层在扩大,而资本家阶级充其量只有一半的人这样认为。对此,值得注意的是,在第6题中,新中产阶级显示出与资本家阶级几乎是同样的看法,即并不认为"差距太大"。显然,新中产阶级不同于其他阶级,他们冷静地认可差距扩大,贫困层增加的客观

图表6－4 对差距的认识及其所属的阶级

(5)与以前相比,日本的贫困层的人数在增加(%)

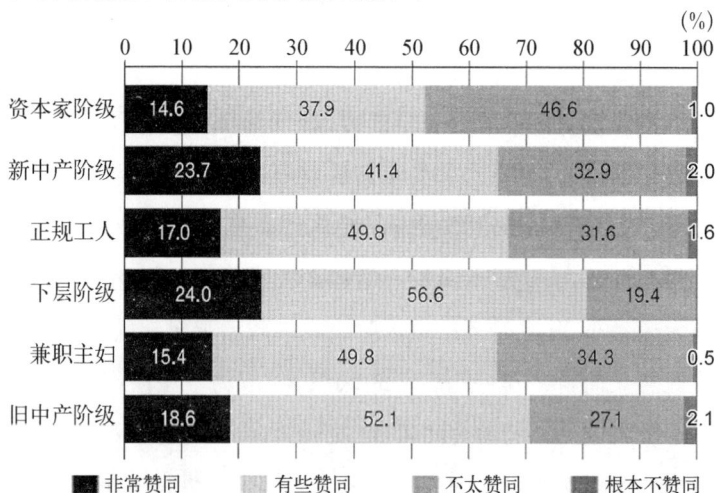

(%)

	非常赞同	有些赞同	不太赞同	根本不赞同
资本家阶级	14.6	37.9	46.6	1.0
新中产阶级	23.7	41.4	32.9	2.0
正规工人	17.0	49.8	31.6	1.6
下层阶级	24.0	56.6	19.4	
兼职主妇	15.4	49.8	34.3	0.5
旧中产阶级	18.6	52.1	27.1	2.1

（6）现在的日本收入差距太大了（%）

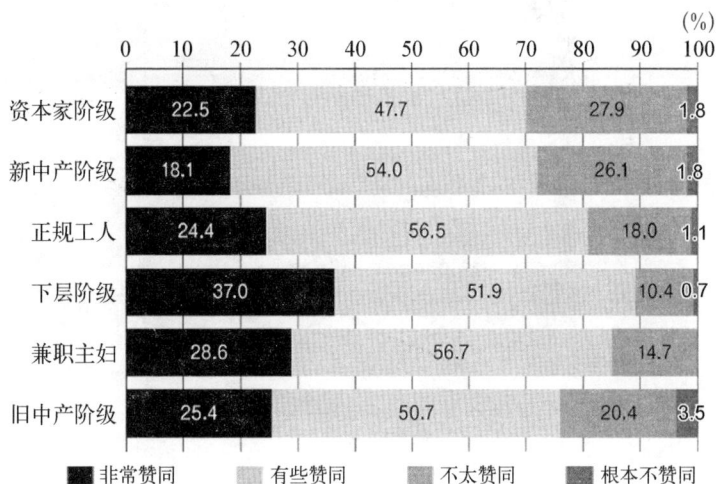

（7）贫困是因为不努力（%）

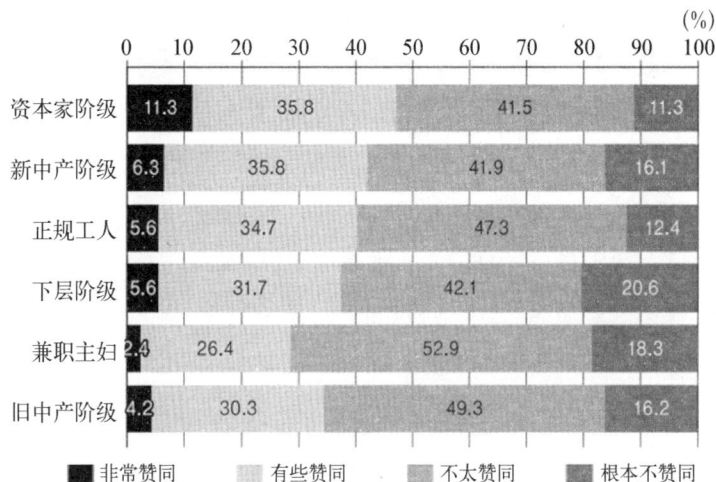

(8) 只要努力，谁都能富裕(%)

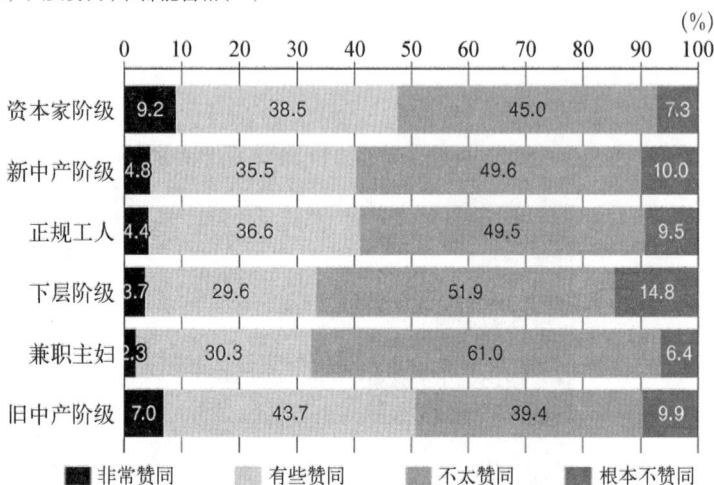

资料来源：根据 2016 年首都圈调查数据算出
注：下层阶级的调查对象年龄为 59 岁以下。

事实，但是，对这一差距"太大"的价值判断则保持距离，他们似乎"承认差距正在扩大的事实却并不认为现在的差距已经过大"。就像人们预料的那样，底层的人具有强调差距"过大"的意向。但是，颇为吸睛的是，兼职主妇对此的认识也非常接近于底层的人们。

自我责任论的问题是怎么样呢？从第 7 题来看，它与第 5 题第 6 题相比，由阶级引起的差别较小。确实，资本家阶级比较坚持自我责任论，之后，这一观点按新中产阶级、正规工人、下层的顺序渐次薄弱，其中差别并不大，由此可见，自我责任论在某种程度上也已渗透到下层阶级。

在此，值得注意的倒是兼职主妇阶层强烈地否定了自我责任论。在第 8 题中，旧中产阶级对"只要努力，谁都能富裕"的肯定甚至超过了资本家阶级，令人瞩目。这一态度可能来自自力更生经营事业的成功带来的自信吧。其他的阶级持"非常赞同"和"有些赞同"的总数均未超过半数，按资本家阶级、新中产阶级及正规工人、下层及兼职主妇的顺序、呈渐次否定的意向。尤其是下层阶级，回答"根本不赞同"的持强烈否定态度的人的比率相当高。

"对差距扩大的认识"与"自我责任论"分别具有政治性特质，与政党支持有密切关系。对差距的扩大认可与否与政党支持的关系，可从图表1－9显示的2015年的SSM调查数据的统计结果中窥见一斑，在此我们重温一下2016年的首都圈调查数据。图表6－5显示了第5题与第6题，第7题与第8题回答的

图表6－5　差距意识与支持的政党

（1）对差距扩大的认识与支持的政党(%)

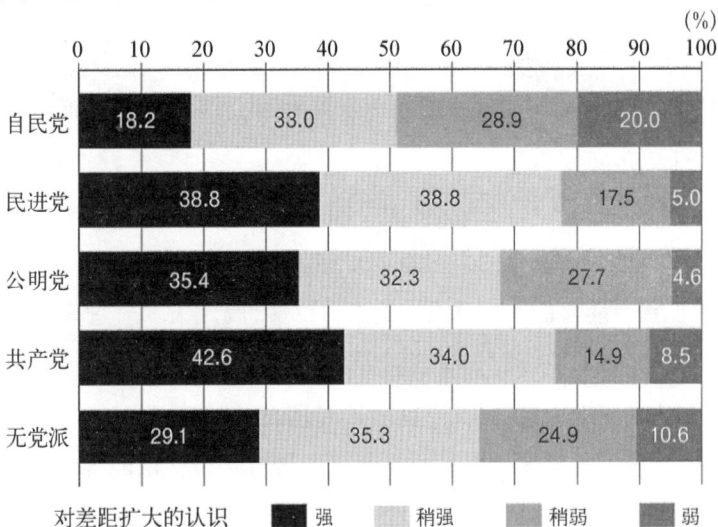

（2）自我责任论与支持的政党(%)

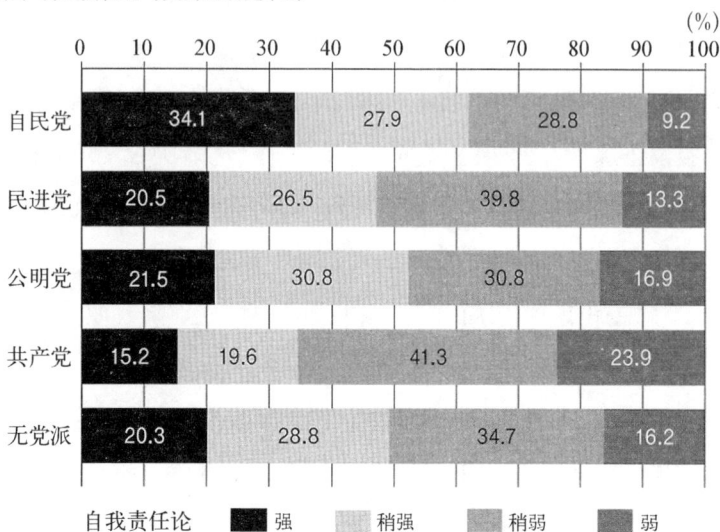

资料来源：根据 2016 年首都圈调查数据算出
注：因四舍五入，有些合计不等于 100%。

统计结果，统计方式改为分数制，对两题都答"非常赞同"的情
况下给予 6 分，两题都答"根本不赞同"的话给予 0 分，然后根
据分数的大小，将回答者均衡地分类成四层，由此来看与政党支
持的关系。

　　结果一目了然。明确认识差距扩大的人甚少有自民党的支
持者，支持其他政党的人居多。民进党、公明党、共产党的支持者
中间，没有明显的差异。没有支持的政党的无党派人士呈骑墙之
势，要说的话，更接近于除自民党以外的支持者。肯定自我责任
论的人的比率中，自民党支持者明显居高，其他政党的支持者及
无党派的人的比率较低。共产党里支持自我责任论的人的比率
尤其低，民进党与公明党的支持者，以及无党派人士持相同水平。

对收入再分配的认识中显示出的阶级差别

2016年首都圈调查里,为了了解人们对缩小差距、消除贫困的政策赞同与否的态度,专门设计了如下一组问题:

(9)"政府哪怕采取增加富人税金的措施,也应该充实对穷人的福利"

非常赞同	19.2%
有些赞同	39.3%
不太赞同	29.6%
根本不赞同	4.7%
不知道	7.2%

(10)"不管生活困难的原由为何,国家也应该照顾生活有困难的人"

非常赞同	8.2%
有些赞同	33.9%
不太赞同	42.9%
根本不赞同	7.3%
不知道	7.7%

第9题的答案结果显示,有近六成的人持"非常赞同"与"有些赞同"的支持态度。"根本不赞同"的人只有4.7%,这个答案可以说是个例外。与此相关,对下一题的"不管生活困难的原由为何"的解释,包括由懒惰或赌博等导致的生活困难,认为"非常赞同"(仅8.2%)和"有些赞同"(33.9%)国家来照顾的人也超过了四成。

当然,这两个问题的答案是有密切关系的。对第 9 题回答"非常赞同"的人中有 32.7% 的人对第 10 题回答了"非常赞同",38.7% 的人选择了"有些赞同"。而对第 9 题选择"根本不赞同"的人中对第 10 题选择"非常赞同"和"有些赞同"的分别只有 3.6% 和 10.0%。所以,第 9 和第 10 题的主张用一句话说,就是支持收入再分配。

那么,"支持收入再分配"的人与其所属的阶级有什么关系呢? 图表 6-6 是对第 9 题与第 10 题的回答采取另一种统计计分的方法,即对上述两题都回答"非常赞同"的话计 6 分,两题均回答"根本不赞同"的话计 0 分,再根据分数的大小将答题的人根据均衡分类的原则分成四个阶层,由此来观察其与所属的阶级的关系。

图表 6-6　对收入再分配的支持与所属阶级(%)

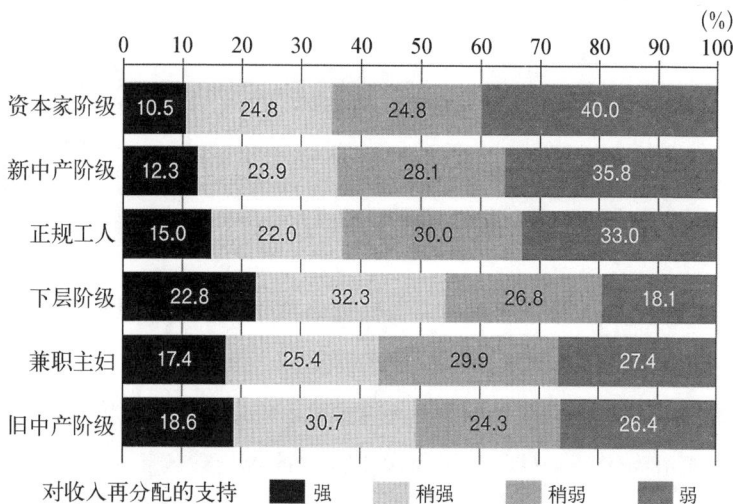

资料来源:根据 2016 年首都圈调查数据算出
注:下层阶级为 59 岁以下。

低收入阶层对收入再分配的支持率很高。处于第二位的是旧中产阶级,再次是兼职家庭主妇。相反,支持力度最低的是资本家阶级,其次是新中产阶级和正规工人,但两者之间的差别并不大,将支持力度"强"和"稍强"合起来计算的话,可以说这三者没有什么大的区别。这是一个令人惊讶的结果,并且可以说,显示了新中产阶级和正规工人对贫困阶层的人的冷漠态度。

接下来让我们看一下与支持的政党的关系(图6-7)。"支持收入再分配"是基于对差距正在扩大的认识,并且具有进一步进入政策层面的考量,因此,与"支持的政党"的关系甚至更强于对"差距扩大"的认识。在大力支持收入再分配的人当中,自民党的支持者仅占10.3%,而民进党支持者则高达31.8%,公

图表6-7　对收入再分配的支持与对政党的支持

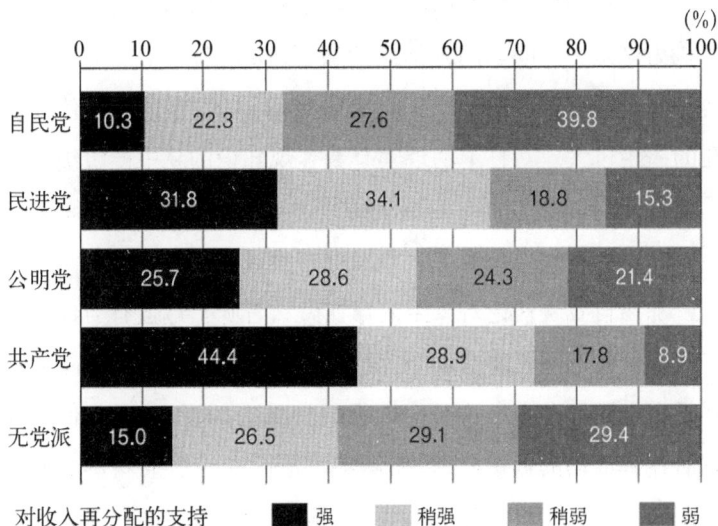

资料来源:根据2016年首都圈调查数据算出

明党支持者为25.7%,共产党支持者为44.4%。由此可见,是否赞同收入再分配已成为决定支持哪一个政党的最重要的因素之一。

无支持党派的人对收入再分配的支持力度较弱,总体上显示出更接近于自民党拥护者的倾向。对照图表6－5,似乎可以说,无支持党派的人与自民党以外的政党的拥护者一样,认识到了差距确实在扩大。而且虽然他们否定自我责任论,但也不至于大力支持收入再分配。

差距扩大接受派＝自民党支持者

从以上的情况来看,围绕着差距的问题,可以说阶级之间有着认识的差异和利害的对立,而且它还与支持的政党的差异有关。简单地来说,可以描绘成如下的图式。

对差距的扩大和贫困阶层的增加这一现实最有切身之感,并认为这是一个问题的是下层阶级,其次是兼职主妇。资本家阶级对贫困阶层增加的现实具有否定的倾向,而且并不认为现在的差距过大。对日本的现实有着客观知识的新中产阶级虽然承认贫困阶层增加的事实,但是并不认为差距过大,对差距的存在持容忍的态度。正规工人与旧中产阶级属于中间派。

那么自我责任论对差距的存在怎么看呢?最强有力地支持自我责任论的是资本家阶级,其次是旧中产阶级。这实际上就是根深蒂固地存在于这两个阶级的特质中的观念,因为他们拥有对经济活动的裁量权,且在现实中他们在经济上获得的成功大都属于自己的责任范围。新中产阶级与正规工人在某种程度上也接受自我责任论。下层阶级接受自我责任论的倾向较弱,最反对自我责任论的是兼职主妇。这也与她们作为低工资的兼职工人的境遇因性别这一无法改变的因素有关。

关于收入再分配,下层阶级对它的支持最有力,其次是兼职主妇与旧中产阶级。相反,资本家阶级、新中产阶级和正规工人不太支持。在此,资本家阶级、新中产阶级与正规工人的同质性,以及正规工人与下层阶级的显著的异质性令人担忧。因为它表明,通过收入再分配获得利益的被认为只有下层阶级,新中产阶级自不待言,连正规工人都得不到利益。

容忍差距扩大,大力支持自我责任论,坚决反对收入再分配,这些正是自民党拥趸的特征。支持其他政党的人当中,共产党的支持者和公明党的支持者态度虽然有些差异,但基本上承认差距扩大的事实,并对其持批判的态度,同时支持收入再分配,只不过共产党的支持者态度更加坚决。在此,同为执政党的自民党与公明党的支持者之间有着显著的异质性。相比较而言,作为多数派的无党派人士承认差距扩大的事实,并对其持批判的态度,而且从其否定自我责任论的态度来看,更接近于自民党以外的支持者,但是,他们并没有再进一步,发展到支持收入再分配。在对差距的意识方面终究可以说是中间派。

3 "排外主义""重视军备"与
对差距的认识的关系

自民党支持者的显著的异质性

行文至此,我们对"排外主义""重视军备",以及"对差距扩大的认识""自我责任论"和"对收入再分配的支持"进行了分析。事实上,它们之间都是有一定的关联的。支持"排外主义"和"重视军备"的人非常倾向于否认差距扩大的事实,反对收入再分配。但是,在做进一步分析之前,让我们来确认一下"排外主义""重视军备"与政党支持的关系。

图表6-8是按支持的政党显示的支持"排外主义"和"重视军备"的倾向。关于"排外主义",2个回答都是"非常赞同"的情况下得6分,2个回答都是"根本不赞同"得0分,此外关于"重视军备"也是如此,2个回答都是"赞同"得4分,2个回答都是"不赞同"得0分,如此这般将回答变换成分数,然后再根据得分大小,分成四个阶段,以将回答者可以均衡地分类,然后再进行统计。

图表6-8 "排外主义""重视军备"与政党支持的关系

(1)"排外主义"(%)

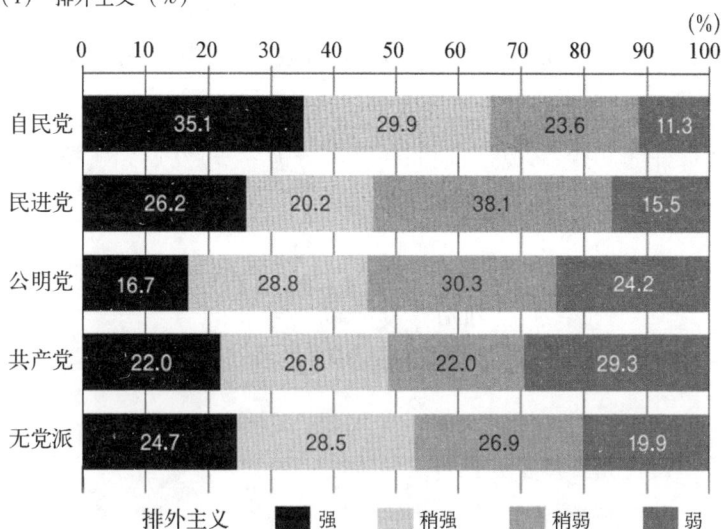

（2）"重视军备"（%）

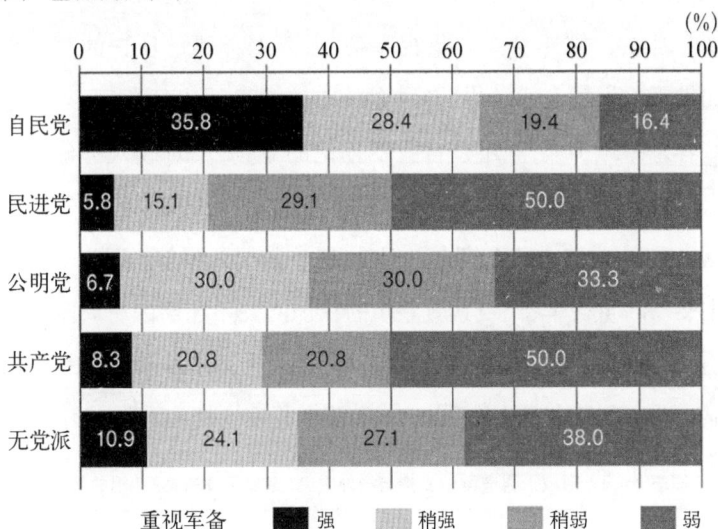

资料来源：根据2016年首都圈调查数据算出

　　结果一目了然，两者与支持的政党的关系非常清晰地显现出来。自民党的支持者支持排外主义的倾向强烈。而支持"重视军备"的倾向之强烈更是遥遥领先于其他的政党支持者及无党派人士。除了自民党支持者，公明党支持者支持排外主义的倾向特别弱，此外，民进党支持者支持"重视军备"的倾向特别弱。尽管如此，民进党的支持者、公明党的支持者、共产党的支持者，以及无党派人士之间的差异并不大，而自民党的支持者与他们的异质性更为显著。让人觉得自民党的支持者就好像是狂热地支持"排外主义"和"重视军备"的邪教团体似的。

"扭曲"

那么,"排外主义""重视军备"及其对差距的认识的关系是如何呢? 根据上述结果,自民党的支持者显示出的典型形象,是些容忍差距扩大,立足于自我责任论的立场,反对收入再分配的人,可以想象,他们同时也会支持"排外主义"和"重视军备"。从数据来看,也的确有这个倾向。但是,也并非那么简单。因为,"排外主义"和"重视军备"及其对差距的认识的关系还会因所属阶级而不同。图表6-9即通过统计量解释了这一层关系。所谓统计量即显示两个变量之间的关系的方向与强弱程度的相关系数。

图表6-9　对收入再分配的支持与排外主义、重视军备的关系(相关系数)

	收入再分配×排外主义	收入再分配×重视军备
全体	−0.067**	−0.166**
资本家阶级	−0.200*	−0.101
新中产阶级	−0.176**	−0.234**
正规工人	0.027	−0.037
下层阶级	0.248**	−0.070
兼职主妇	0.031	−0.215**
旧中产阶级	−0.005	−0.290**

资料来源:根据2016年首都圈调查数据算出
注:数字为相关系数。 ** 在1%的水平上具有统计学意义, * 在5%的水平上具有统计学意义。下层阶级为59岁以下。

首先来看一下不分阶级进行总体统计的情况。对收入再分配的支持与排外主义的相关系数为−0.067,与重视军备的相关系数为−0.166,两者皆为负数,这在统计学上是有意义的。它说明,从总体上来看,并不像支持收入再分配的人那样,都是支持排外主义的,此外,还表明总体上没有采取支持重视军备的立场。诚如预料的结果。

然而,相关系数的值以及正负的符号也因阶级而不同。尤其是排外主义更为明晰。收入再分配与排外主义的相关系数在资本家阶级与新中产阶级那里,分别为-0.200和-0.176等两个极大的负值,其绝对值大大超过在总体上看到的相关系数(-0.067)。它意味着,在资本家阶级与新中产阶级中,支持排外主义的倾向并不像支持收入再分配的倾向那样强烈。对这两个阶级的人来说,支持收入再分配与支持排外主义是互不相容的两件事。

然而,在正规工人、兼职主妇和旧中产阶级中,相关系数的值较小,看不到两者间的关联。而下层阶级在支持收入再分配与支持排外主义之间的相关系数达到了0.248这一个相当大的正值。它意味着下层阶级中越是支持收入再分配的人越有强烈的排外主义倾向。

支持收入再分配与支持重视军备的关系如何呢?新中产阶级、兼职主妇、旧中产阶级的情况下,相关系数为极大的负值。它意味着,这些阶级中的人并不像支持收入再分配的人那样支持重现军备重视。而其他的阶级、资本家阶级、正规工人、下层阶级的相关系数的绝对值较小,看不到两者之间的关联。即和平主义者未必会支持收入再分配。

如图表6-3中所见,下层阶级与其他阶级相比并不一定更支持排外主义。但是,下层阶级有着其他阶级所没有的特征:即这一阶级当中对旨在缩小差距的收入再分配政策的支持倾向与排外主义结合在了一起。为了进一步阐明这个问题，再来看看下面的统计吧。

是否是法西斯主义的标志

上面，我们将支持收入再分配的倾向与排外主义的倾向分成四个阶段进行了统计，现在我们将其进一步简化成两个阶段，将这两种统计方法组合成图表6－10。根据这张图表，"关于收入再分配与排外主义的认识"被区分成四个类型。这四个类型与所属阶级的关系如图表6－11所示。

图表6－10　关于差距与排外主义的认识类型

	收入再分配	
	支　持	不支持
排外主义　支　持	纠正差距 排外主义	容忍差距 排外主义
不支持	纠正差距 多文化主义	容忍差距 多文化主义

资本家阶级、新中产阶级、正规工人中，采取对收入再分配持消极态度但是排外主义倾向强烈的"容忍差距排外主义"立场的人最多，分别占到40.6%、37.8%和36.9%。其次是对收入再分配持消极态度但不支持排外主义的"容忍差距多文化主义"立场，分别占到25.7%、26.2%和26.3%。

然而在下层阶级中，持积极支持收入再分配且排外主义倾向强烈的"纠正差距排外主义"立场的人达到最高的36.2%。兼职主妇中"容忍差距多文化主义"稍多，对纠正差距持中间立

图表 6-11 关于差距与排外主义的认识类型与所属阶级

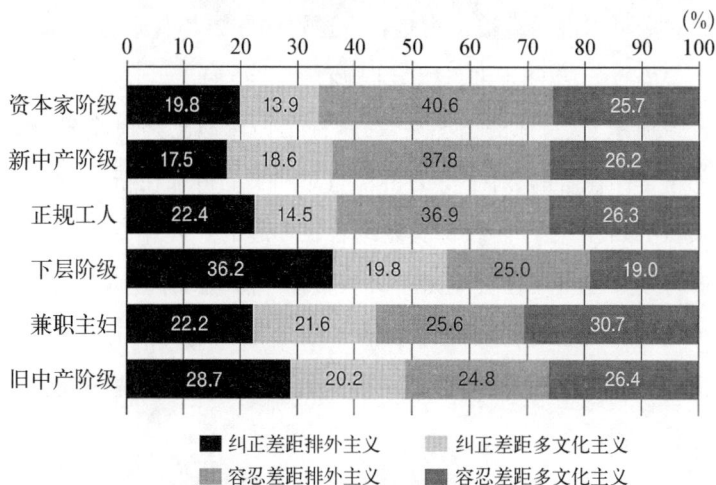

(%)

	纠正差距排外主义	容忍差距排外主义	纠正差距多文化主义	容忍差距多文化主义
资本家阶级	19.8	13.9	40.6	25.7
新中产阶级	17.5	18.6	37.8	26.2
正规工人	22.4	14.5	36.9	26.3
下层阶级	36.2	19.8	25.0	19.0
兼职主妇	22.2	21.6	25.6	30.7
旧中产阶级	28.7	20.2	24.8	26.4

■ 纠正差距排外主义　　▨ 纠正差距多文化主义
▨ 容忍差距排外主义　　■ 容忍差距多文化主义

资料来源：根据 2016 年首都圈调查数据算出
注：下层阶级为 59 岁以下。

场,但是,排外主义倾向比较弱。旧中产阶级接近于兼职主妇的
倾向,四个类型基本上都是对立的。

在战后的和平运动、左翼运动中,对平等的诉求常与对和平
的诉求相结合。参加这些运动或对这些运动抱有共鸣的人也是
在谋求平等的同时谋求和平。相反,右派则在否定对平等的诉
求,认为是在谋取"恶性平等""无视效率"的同时,谋求军备扩
张。同样是对平等的诉求,前者在追究亚太战争中的战争责任
时,将其与对日本曾经侵略过的国家的人民的赎罪意识结合起
来。而右派则在否定对平等的诉求的同时,公然否认侵略的事
实,或将战争合理化,对追索战争责任的中国和韩国,以及左派
的主张一直激烈地反对。所以,从政治立场来看,纠正差距—和

平主义—多文化主义的立场与容忍差距—重视军备—排外主义的立场可以说一直被认为是合乎逻辑的左派与右派的立场。

再看分析的结果,这种结构看似已经崩溃。确实,如图表6-9所示,从总体的情况来看,这种结构看似已经很脆弱,然而它还是存在着的,对平等的诉求与对和平的诉求在新中产阶级、兼职主妇、旧中产阶级那里是结合在一起的。另外,对平等的诉求与多文化主义在资本家阶级与新中产阶级那里也是紧密结合在一起的。但是将上述两者紧密结合在一起的只有新中产阶级,而下层阶级则特别将对平等的诉求与排外主义紧密地结合在了一起。

前面已经确认,下层阶级总体上并不都是排外主义的。只不过对纠正差距的诉求与排外主义紧密结合的情况仅发生在下层阶级而已。贫困的人一方面要求通过收入再分配来纠正差距,另一方面对外国人的流入持有戒心,并非常排斥中国人和韩国人追究战争责任的主张。下层阶级中持这一立场的好像大有人在。陷于困境的下层阶级内部正在滋生法西斯主义的萌芽,这绝非危言耸听。

在2017年10月的众议院选举中,人们的目光都聚焦于东京都知事小池百合子率领的"希望之党",从上述的统计结果来看,希望之党的政策中有着意味深长的亮点。希望之党要求希望成为公认候补的候选人签署一份政策协议,这份政策协议中包含了接受可以行使集体自卫权的安保法制、反对授予外国人参政权等内容。然后在选举中公开承诺对宪法第九条的改正进行探讨。完全是排外主义、重视军备的主张。

然而，在承诺的同时，该党的政策纲领中还包括了促进正规就业、引进基本收入（关于这一个问题，详见下一章的论述）等缩小差距实现收入再分配的政策。即把排外主义、重视军备与收入再分配结合到了一起。或许并没有很多的掌权者注意到这一点，结果没能得到广泛的支持，但是，作为新政党今后的态度，可以说她已经给出了一个先例。

4　阶级、差距认识和政治意识之间扭曲的关系

以往的框架的崩溃

前文提出了对排外主义、军备扩张的认识，对差距的认识，以及支持的政党等，并分析了它们与所属阶级的关系。这些认识从广义的角度来说，也可以称之为政治意识。

所属阶级、对差距的认识、政治意识等相互之间有着很深的关系，这些关系往往很复杂，并不能够轻易把握。但是，留下这种印象的原因之一在于，对阶级、差距认识、政治意识之间理应有着非常单纯的关系这一点深信不疑的恰恰是我们自己。

关于阶级与差距，然后是政治的关系，以往在日本传统的左翼势力间有一种人们深信不疑的有力的假设。也堪称为"社会主义革命假设"的这一假设内容如下。

构成资本主义社会的两大阶级是资本家阶级与工人阶级。资本家阶级剥削工人阶级。由此两者之间形成了巨大的差距，而且这一差距还会不断扩大。财富越来越集中到资本家阶级手里，工人阶级越来越穷。最后工人阶级就会谋求消灭资本家阶

级的统治,以及让自己深陷穷困状态的资本主义经济。就这样工人阶级通过直接的行动或通过议会的手段掌握政权,废除或大幅度修正资本主义,以实现差距的缩小。这是左翼运动的基本协议。

然后根据自己发动的侵略战争与悲惨的战败经验,日本的左翼运动又增加了其他的要素。这就是在上一节已经提到的,和平主义与对军备的否定,以及对亚太战争中的战争责任的追究和日本对曾经侵略过的国家的人民的赎罪意识。由这些要素形成的有关阶级、差距、政治的一体化图式深深地植根于日本的左翼运动以及对此抱有同情心的人们的心里。从这一立场出发,资本主义社会的被压迫阶级即工人阶级在谋求纠正差距以脱离贫困状态的同时,理应热爱和平,否定军备,承担亚太战争中侵略海外的责任,与曾经侵略过的国家的人民建立友好的关系。

这一典型的想法可以从 1946 年 5 月 1 日举行的恢复五一劳动节(第 17 个劳动节)的大会宣言的以下一段文字中看到。

与全世界的工人阶级携起手来,在紧密团结的基础上向着再次在世界上播撒战争种子的专制主义、封建主义、法西斯主义开火。

只有这样,我们工人大众才能摆脱饥饿和贫困,世界才能充满和平和荣光。(摘自《日本劳动年鉴》第二十二集)

过于乐观的展望,但是作为一个假设也无不可。只是现实实在是相去甚远。

首先,阶级结构越来越复杂。原来被设想为单一阶级的雇员=工人阶级在很久以前就已开始向新中产阶级与工人阶级分裂,现在连工人阶级也在向正规工人与下层阶级进一步分裂。这三者之间已如第三章阐明的那样,差距已经很大了,互相之间也仍有差异。所以本书将这三者分别列为三个阶级。

这三个阶级在现代日本社会差距已然扩大,而且贫困阶层增加的事实也已众所周知。对事实的认识基本达成一致。但是,承认事实并不意味着这三个阶级对纠正差距持积极的态度。

首先,已有很多人接受了将差距与贫困合理化的自我责任论。此外,即使认同差距过大的通论,但是对"政府哪怕采取增加富人税金的措施,也应该充实对穷人的福利""不管生活困难的原由为何,国家也应该照顾生活有困难的人"等具体的收入再分配政策表示支持的人未必会很多。支持的人多是收入最低的下层阶级,新中产阶级与正规工人对贫困阶层反而更冷漠,甚至被认为对下层阶级抱有敌意。

"误打误撞"的下层阶级

那么下层阶级是否体现出了左翼运动一直描绘的那种古典的工人阶级的形象呢? 受到残酷的剥削陷于穷困的状态,被迫从事异化的劳动,对现状抱有强烈的不满,这些就是用于形容古典的工人阶级的条件。但是,除此以外,答案只能是否定的。

他们没有社会资本的积累,相互之间缺少通力合作的机会。不少人在身体和精神方面都存在着问题。而且最重要的是,他们对差距的不满与对缩小差距的要求不是与对和平的要求相结合,而总是与排外主义相结合。

从这种现状来看,要实现缩小差距与消除贫困的政治路线着实让人费解。有利的阶级的人们容易安于差距扩大的现状,而不利的下层阶级对缩小差距的诉求又朝着错误的方向误打误撞。

那么,我们就没有可以缩小差距实现更为平等的社会的道路了吗?最后一章将就这一难题进行探究。

第七章
更为平等的社会

1　为缩小差距达成共识应如何努力

三个关系

本书的基本立场在于,认识到现代日本的差距已经扩大至无法容忍的地步,必须要缩小差距,实现更为平等的社会。

为什么这么说? 因为笔者认为,目前存在的差距已经在现实中产生了诸多问题,如果这些差距不缩小,它们还将继续不断地产生更多的问题。笔者之所以这样认为,将在第三节"差距扩大的弊病"中详述理由,在此,首先想思考这样一个问题,即为了达成缩小差距的共识我们应该怎么办。

正如第六章中所阐述的,在今天的日本社会,对于现实中贫困层在增加,而且收入的差距越来越大的问题,可以说已经达到相当程度的社会共识。但是,细看数据的话(参阅第六章第二节对差距的认识中的对"自我责任论"的认识部分),对"与以前相比,日本的贫困层的人数在增加",以及对"现在的日本收入差距太大了"这两个题目明确回答"非常赞同"的人的比率仅为16.7%和23.5%,而回答"有些赞同"的比率稍微多些,分别达到43.1%和52.5%。

而且,由所属阶级导致的认识差异很大(图表6-4),对这两个观点明确认可的可以说仅限下层阶级。对收入的差距的认识,兼职主妇也比较接近于下层阶级,而新中产阶级和正规工人,尤其是新中产阶级则与下层阶级持有完全不同的认识,倾向于否定差距过大的观点。

而不容忽视的是,自我责任论之深入人心已至相当的程度。如图表1－12所显示的,赞同自我责任论的人们,具有强烈的容忍差距扩大的倾向。若按阶级来看,除兼职主妇以外,几乎所有阶级的人们都在相当程度上接受了自我责任论的观点。这一点可以说是妨碍了缩小差距的共识形成的重要因素。

实际上,对作为缩小差距的有效手段的收入再分配,也很难说已经达成广泛意义上的共识(参阅第六章第二节对差距的认识中的"对收入再分配的认识中显示出的阶级差别")。比如对"政府哪怕采取增加富人税金的措施,也应该充实对穷人的福利"以及"不管生活困难的原由为何,国家也应该照顾生活有困难的人"等具体政策,明确表示"非常赞同"的人分别仅为19.2%和8.2%,"有些赞同"的人也分别止于39.3%与33.9%。

"对差距扩大的认识""自我责任论"以及"收入再分配支持"等三个选项,大致上说,它们之间有以下的关系。首先,要达成对收入再分配的共识,就应该认识到差距扩大的事实。但是,即使对事实有认识,若是持自我责任论立场的人,很可能并不认为有必要对差距扩大中减少了收入或陷于贫困的人进行救济。所以,要接受收入再分配,必须先要抛弃自我责任论。

在此,我们用2016年首都圈调查数据对这三者的关系予以确认。图表7－1的图与第六章一样,将这三者的最高分设为6分,最低分设为0分来表示,横轴采用的是对差距扩大的认识及自我责任论的得分,纵轴采用的是支持收入再分配的得分的平均值。由此出现了一个极为明显的倾向。对差距的扩大认识透彻的人具有较强的支持收入再分配的倾向,反之,强调自我责任论立场的人则不支持收入再分配。

图表7-1　对差距扩大的认识,自我责任论与对收入再分配政策的评价的关系

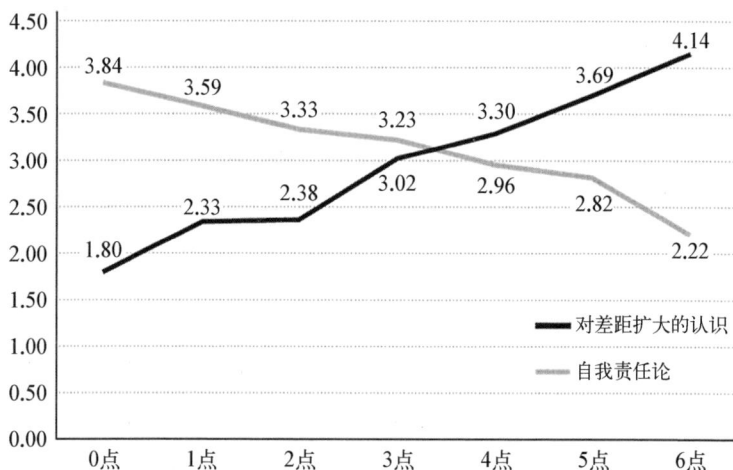

资料来源:根据2015年首都圈调查数据算出

三个关系与所属阶级的关系

但是,对于收入再分配的评价不仅仅取决于对差距扩大的认识与自我责任论。如第六章所见,应该还要受到所属阶级的影响。因此,我们用第一章使用过的多元回归分析的手法来阐明对差距扩大的认识、自我责任论以及所属阶级是如何来决定对收入再分配的评价的。图表7-2即显示了其结果。对收入再分配的共识必须包括没有工作的人在内的所有阶级才能达

成,所属阶级的种类除了至今为止一直使用的阶级 6 分类以外还加上家庭主妇与家庭主妇以外的没有工作的人,形成阶级、组 8 分类。

图表 7-2　支持收入再分配政策的决定因素

	标准化偏回归系数	显著性水平
所属阶级、组		
资本家阶级	−0.079	0.008
新中产阶级	−0.138	0.001
正规工人	−0.100	0.016
兼职主妇	−0.044	0.192
旧中产阶级	−0.016	0.612
家庭主妇	−0.052	0.139
没有工作的人	−0.010	0.753
对差距扩大的认识	0.294	0.000
自我责任论	−0.129	0.000
确定系数	0.139	

资料来源:根据 2016 年首都圈调查数据算出
注:下层阶级为 59 岁以下。关于所属阶级等的 7 个变量为虚拟变量。

　　表中显示了 2 个有关影响力大小的数值。标准化偏回归系数显示的是各个变量的影响力的大小。标准化偏回归系数的值在统计学上已足够大,而显著性水平显示的则是,能否承认其有影响力,一般说来这个值为 0.05,即低于 5% 的话,即被视为可以承认其有影响力。关于所属阶级、组的变量从资本家阶级到没有工作共有 7 个变量,这些变量再与支持收入再分配倾向最为强烈的下层阶级做比较,可以看出各个阶级、组的人们究竟在多大程度上支持收入再分配,对差距扩大的认识与自我责任论则是显示各自强度的得分。

资本家阶级的系数为-0.079,是一个负值。它显示的是资本家阶级与下层阶级相比不支持收入再分配的倾向。显著性水平为0.008,表示这一结论十分可信。其次是新中产阶级的系数,-0.138,这是一个很大的值,远远超过了资本家阶级的系数。显著性水平很小,为0.001,可以说新中产阶级不支持收入再分配的倾向很强烈。同样正规工人的系数也很大,为-0.100,显著性水平是0.016,所以,正规工人与下层阶级相比,也可以得出有不支持收入再分配的倾向的结论。

相比较而言,兼职主妇的系数为-0.044,因为是兼职主妇,似乎稍微拉低了支持收入再分配的得分,其显著性水平为0.192,所以,它不具有统计学意义上的影响力。同样,旧中产阶级、家庭主妇、没有工作的系数均为微小的负值,他们所属的各自的阶级、组的事实,似乎拉低了对收入再分配支持的得分,其显著性水平都大大超过了0.05,所以也不具有统计学意义上的影响力。

由以上情况得知,属于资本家阶级、新中产阶级、正规工人这三个阶级的人,与下层阶级相比,具有不支持收入再分配的倾向,而兼职主妇、旧中产阶级、家庭主妇、没有工作的人对收入再分配的支持倾向与下层阶级基本相同。

那么,对差距扩大的认识与自我责任论的影响力又如何呢?对差距扩大的认识的系数是一个相当大的正值,达到0.294。它表明,对差距扩大的认识与强烈的支持收入再分配的倾向有关。系数的绝对值大大超过了所属阶级、组,简单地说,对差距扩大的认识给予对收入再分配支持的倾向的影响是所属阶级、组中影响力最大的新中产阶级的影响力的两倍以上。

其次，再来看自我责任论的系数，-0.129 为负值。这表示，支持自我责任论与支持收入再分配倾向呈负相关。它的影响力虽不如对差距扩大的认识，但可以说也是相当强大的。

从以上的分析可以得出如下的结论，对收入再分配产生否定性倾向的重要原因，首先是对差距扩大的认识不足，其次是立足于自我责任论的立场，第三是隶属于资本家阶级、新中产阶级和正规工人这三个阶级之一。

这个结论意味着什么呢？或可以据此得出如下的结论。

在资本主义经济中处于主流地位的三个阶级中，新中产阶级非常坚决，资本家阶级与正规工人稍微含蓄一点，这三个阶级都对收入再分配具有强烈的否定倾向。与前者不同，其他阶级、组——兼职主妇、家庭主妇、旧中产阶级、没有工作的人等等，都与下层阶级的人一样，或没有大的差别，对收入再分配具有支持倾向。此外，对差距扩大的现实的认识效果巨大。因此，如果能让更多的人对差距扩大的客观事实及其弊病有所理解，那么，收入再分配应该可以获得更广泛的支持。此外，自我责任论已成为对收入再分配达成共识的障碍。因此，必须对这一观点加以适当的反驳。

2　达成共识的途径：所属阶级、组导致的差异

克服差距的两个课题

要达成对收入再分配的共识有两个有效的选项可以考虑，

一是加强对差距扩大的现实的认识,二是对自我责任论的反驳。但是这两个选项的重要性会因不同的阶级和组而有所差异。即在不支持收入再分配的倾向中,有的人原本就不知道差距扩大的事实,也有的人是知道差距扩大的事实的,但出于自我责任的考虑,并不认为这有什么问题。要让差距扩大的事实获得更广泛的认识,在上述两者中,或许对前者还有效,但对后者恐怕没什么效果。就如图表6-4中所见,对差距扩大究竟有多大程度上的认识,然后对自我责任论又有多少人支持,这里就有阶级导致的差异存在。如果这样,那对于不同的阶级和组来说,对差距扩大的认识与自我责任论的重要性也应该是有所不同的。

所以,图表7-3将回答者分为8个阶级、组,然后对每个阶级、组在对差距扩大的认识与自我责任论对收入再分配的支持倾向所产生的影响进行比较。

图表7-3 对差距扩大的认识与自我责任论对支持收入再分配的效果比较

全　　体	对差距扩大的认识	自我责任论	确定系数
资本家阶级	0.184 **	−0.271 **	0.114
新中产阶级	0.292 **	−0.171 **	0.143
正规工人	0.265 **	−0.163 **	0.113
下层阶级	0.284 **	−0.064	0.076
兼职主妇	0.389 **	0.017	0.138
旧中产阶级	0.288 **	−0.031	0.072
家庭主妇	0.368 **	−0.054	0.141
没有工作的人	0.263 **	−0.208	0.123

资料来源:根据2016年首都圈调查数据算出
注:系数为标准化偏回归系数。** 在1%水平显著,* 在5%水平显著。下层阶级为59岁以下。

关于对差距扩大的认识的影响力,资本家阶级并不是很明确,其他的阶级、组都较强。其中影响力最强的要数兼职主妇与家庭主妇。相反,自我责任论的影响力,资本家阶级特别强,新中产阶级与正规工人也很强。处于资本主义经济主流地位的这三大阶级,在自我责任论的立场以及与无法达成收入再分配的共识相关这一点上可以说都具有共性。

没有工作这一组的人在自我责任论方面影响也很大,这里主要指家庭主妇以外的许多没有工作的人,这或许是因为这一组主要是由一些长期在资本主义经济的主流地位上工作后退职的人们组成的缘故吧。相对他们而言,下层阶级、兼职主妇、家庭主妇、旧中产阶级就很难受自我责任论的影响了。

这一结果意味着什么呢?它说明,对收入再分配达成共识的有效途径对不同的阶级、组来说是不一样的。

最特别的是资本家阶级。资本家阶级即使了解差距扩大的事实,也不会支持收入再分配。而且如前所述,他们整体上支持自我责任论的倾向相当强烈,再说,这种支持倾向越是强烈,就越会干脆地拒绝接受收入再分配。要让他们接受收入再分配是极为困难的。对因差距的存在而获得利益的阶级来说,这个结果也是理所当然的。

站在对立面的是兼职主妇与家庭主妇。她们对差距扩大的事实的认识直接与支持收入再分配相关。她们之所以自我责任论的系数几乎为零,是因为同样地如果她们认识到差距扩大的存在,不管她们接受自我责任论的程度如何,她们都会支持收入再分配的。

她们如果知道了差距扩大的事实，即使也接受自我责任论，但依然会支持收入再分配。从逻辑上讲似乎是矛盾的，但这就是她们的特征。就像第六章的"对收入再分配的认识中显示出的阶级差别"中的调查题目所示，"不管生活困难的原由为何，只要有生活困难的人"，她们认为就应该救济。这个"原由"中也包含了属于自我责任的部分。这是一种所谓的人道主义吧。

　　下层阶级与旧中产阶级对差距扩大的认识的影响力较小，从支持倾向来说与兼职主妇、家庭主妇一样。这两个阶级在现实中正是陷于贫困的人或较易陷入贫困的人。他们若知道差距和贫困扩大的事实，不会认为这是别人的事。即使他们将自我责任论作为信念来接受，也不会因此而认为对贫困层的救济是不必要的。所以他们与兼职主妇、家庭主妇一样，差距扩大的事实只要一公开，他们就会接受收入再分配。

　　从合乎逻辑的角度讲更简单明了的是新中产阶级与正规工人。他们只要了解差距扩大的事实就会倾向于支持收入再分配。但是，自我责任论会妨碍他们的这种倾向。这虽然可以说是合乎逻辑的，但是要说服他们去支持收入再分配政策就比较困难。要推动他们去支持收入再分配，那么不仅要让他们了解差距扩大的事实，同时还要让他们抛弃自我责任论。

　　由此，我们若要消灭差距社会，必会碰到两大难题。第一，必须要让所有的人，尤其是兼职主妇与家庭主妇了解，差距正在扩大，贫困层正在增加是不争的事实，而且要对这些事实正在带来诸多弊病的观点形成共识。第二，尤其是要说服对收入再分配很难达成共识的新中产阶级与正规工人，告诉他们，自我责任论是一种误导,是错误的。

3　差距扩大的弊病

差距扩大是不争的事实,这一点在代序中已论及。这种差距的扩大带来了种种弊病。尤其重要的是,它已产生出以下层阶级为中心的庞大的贫困层,增加了社会成本,以及因差距的固化而产生的诸多的社会损失。

（1）下层阶级与贫困层的问题

在第三章中,已根据数据对非正规就业的下层阶级所面临的窘迫现状进行了详细的阐述。在此对下层阶级的如下现状作简单的回顾。

他们收入极低,贫困率高达 38.7%,其中女性的贫困率更是高达 48.5%。他们都处于一种无法形成并维持稳定的家庭的状态。男性的有配偶率仅 25.7%,66.4% 的人没有结过婚。女性中离婚丧偶者众多,这些离婚丧偶者的贫困率更高。他们对工作和生活的满意度总体上比较低,不管从哪一项指标来看,在 5 个阶级中都是最低的。

他们在职场从事着简单劳动,没有晋升的希望,也不可能获得退职金和福利待遇。健康状态也不好。尤其是精神健康状态存在着问题,罹患抑郁症及其他精神方面疾病的人很多,即使没有发展到得病的程度,也有不少人显示出抑郁的倾向。这些人也没有受到社会资本的恩泽,解决生活问题的方法也极为有限。就在下层阶级不断增加的同时,正规工人的生活却相当安定,且满意度也不低。正规工人与下层阶级的差距也呈现出扩大的倾向,进一步说,资本家阶级、新中产阶级及正规工人这三大阶级与下层阶级之间的差距越来越明显。

当然,贫困层并不局限在下层阶级。这次,我们虽无法呈上详细的分析,但是旧中产阶级的贫困率达到17.2%,贫困层人数依然众多。正规工人中也有少量的贫困层人士。可以想象,这些人所处的窘迫现状与下层阶级也没什么两样。

以下层阶级为中心,存在着如此之多的贫困层人数,说明其生存权未得到保障,不仅如此,主要因为经济上的原因而无法结婚(或得到伴侣)组成家庭的人数已经在整个人口中占到了不可忽视的比例。这在伦理上也说不过去。更何况下层阶级的比例还在飞速增长。

(2)社会成本的增加

下层阶级与贫困层的增长说明这些人的以生存权为主的人权未获充分的保障,这本身就是一个问题。但是,问题还不止于此。下层阶级与贫困层的增长,还会给整个社会带来各种各样问题。

根据世界各国的研究,在对达到一定的收入水平以上的各发达国家进行比较的结果来看,差距大的社会比差距小的社会具有平均寿命更短的倾向。部分原因在于,差距一大,贫困层就会增加,而贫困对健康不利,且贫困层的人无法接受充分的医疗。不仅如此,差距一大,贫困层以外的人的寿命也会降低。专业领域的研究人员曾就此作出如下说明:

对于达到一定的收入水平以上的人来说,较之收入的绝对水平,相对水平,即收入比别人高还是低才是重要的。这些人即使生活上不拮据,但若收入大大低于其他人,他们也会抱有强烈的不满,对较富裕的人也容易产生反感。为此,即使是在富裕的社会中,经济差距一大,就会失去公众团结一心的精神与连带感。人与人之间的友情就难以形成,社区活动的参与也会减少。为此,犯罪会增加,精神压力会增大,导致健康状态的恶化以及平均寿命的降低。即人们的健康状态在越是平等的社会越好,不平等的社会就会恶化(参阅理查德·威尔金森《差距社会的冲击》等)。

即使差距在扩大,贫困层在增加,但是,还是有很多人不受其影响地过着优裕的生活。但是,对于这些人而言,差距和贫困也绝非不关己事。差距大贫困层人数多的社会是病态的社会,病态的社会中犯罪会增加,富人在内的人们的健康状态会恶化,死亡率就会上升。

此外,贫困层一增加,无法交税的人也会增加,同时社会保障支出也会增加。由此产生的社会成本会达到怎样的程度,日本综合研究开发机构[1]曾就此进行过如下的估算。年轻的非正规工人开始大量增加是在所谓的“就业冰河期”的时代。在这一时期走上社会的部分年轻人直接就成为了非正规工人,从而逐渐形成了如今这样庞大的下层阶级。

日本综合研究开发机构对这一代人老后接受最低生活保障时所需的追加费用进行了推测。据此推测,从就业冰河期开始

---

1. 日本综合研究开发机构,通称 NIRA,成立于 1974 年,是日本的半官方智库。——译者注

到 2002 年为止,非正规雇员与无业人员增加了 191.7 万人,其中 77.4 万人到 65 岁后就将成为最低生活保障的对象。他们在整个余生都需持续接受最低生活保障的话,其费用将达到 17.7 兆日元至 19.3 兆日元(参阅日本综合研究开发机构《就业冰河期一代人的危险时刻》)。

(3) 差距的固化与社会的损失

差距一扩大,差距固化的可能性就会提高。在富裕家庭出生成长的孩子大学毕业后自己也成为富裕的人,在贫困家庭出生成长的孩子无法获得上大学的机会,自己也极易成为一个穷人。家长之间的差距若扩大,下一代的上述倾向极有可能进一步增强。

实际上在第四章的分析业已显示,男性的情况下,资本家阶级的地位世代相传的倾向相当强烈,而工人阶级出身者较以前更易成为工人阶级。但是就新中产阶级而言,其他阶级的出身者更易加入其中,女性则尚未出现固化倾向,从这些情况来看,差距的固化似乎尚未连贯发生。

但是,显示阶级固化倾向的优势比在大多数情况下都已超过了 2.0,至于资本家阶级,甚至已经达到了超过 15.0 的高水平,孩子们更易同父辈同属一个阶级,这一倾向本身不会有错。许多文章也已指出过,贫困层的孩子更易进入贫困层,这一"贫困链"已经产生,毫无疑问,差距的固化问题是个极其重要的问题。

差距固化会产生什么样的问题呢?首先,贫困层等部分孩子会被剥夺受教育的机会,造成人权上的大问题。同时,对社会也会造成很大的损失。有孩子被剥夺受教育的机会,这意味着很多接受适当的教育就可能开花结果的才能,因贫困而被埋没。这是莫大的人力资源的损失。

经合组织(OECD)曾就这一状况对经济增长的影响进行过估算。20世纪末到21世纪初,许多发达国家出现了差距扩大的现象。由此,低收入阶层无法让孩子接受教育,提高自己的能力,从而产生了人力资本不足,生产率降低的现象。其影响甚大。以日本为例,1990年到2010年的GDP增长率为17.5%,但实际上这一增长率因差距的扩大已经下降了5.6%,如果没有差距的扩大,增长率将达到23.1%。同样在OECD国家中,英国的经济增长率下降了8.6%,美国下降了6.0%,德国下降了5.7%,这是对GDP增长率下降进行的估算(OECD《收入差距的趋势及其对经济增长的影响》)。

4　自我责任论的陷阱

两个问题

自我责任论是妨碍消除差距社会的强有力的思想观念。但是,自我责任这一词也是到最近才开始广泛使用的。在主流的国语辞典中收录有这一词条的恐怕也就《广辞苑》了,收录的时间是2008年修订的第六版。《广辞苑》对"自我责任"的解释是"对由自己的判断带来的结果自己负责"。

检索报刊数据库即可明白,大众传媒最初使用这一词的契机,是1990年代后半期的"金融危机"。按其脉络来看,由于政府逐渐放宽了对金融机构的限制,各种各样风险较高的金融衍生产品不断被推出,因购买这种金融产品有可能会出现损失,所以,购买这些产品进行资本运作都属于自我责任。这种自我责任论还是可以理解的。有可以运作的资产,并由自己决定运作的方法,那自己承受其结果是理所当然的。

然而近年来,自我责任的范围有无限扩大的倾向。失业也好,成为低工资的非正规工人也好,陷入贫困也好,不少论调都将此归于自我责任,以此来收拾残局。而且,如前所见,自我责任论有着相当强的渗透力,连陷入贫困的人自己也受到了自我责任论的束缚,不少人都处于难以发声的状况。

这种自我责任论大致可分两个方面。

第一,人们可以被追索自我责任的事物应该局限于自己有选择余地,并且其选择与结果间有明确的因果关系的情况下。拥有大额财产的人按自己的判断进行投资,其结果若是财产损失了,那么自我责任论是成立的。但是,在目前正规就业规模越来越小的情况下,许多人渴望正规就业而不能如愿,出于生活的需要不得已而从事非正规工人的工作。这并非是自由的选择,而是社会性强制。既然非正规就业非自己的选择,那么,在这种情况下,自我责任论就不能成立。

不能将陷于贫困的原因归咎于自我责任的情形还有很多。在第五章中已经看到许多因离异、丧偶而沦为下层阶级的女性,以及她们面临并将陷入贫困层的状态。丧偶不是自己能选择的。离异虽然是自己的选择,但是通常总是有各种各样的原由而不得不作出这样的选择。然后重新寻找工作的女性,也只能找到非正规就业的工作,这种情况与上述状况基本相同,它就是一种社会性强制。而且,经济不景气或企业倒闭等,对本人而言更是属于不可抗力的原因导致的贫困,自然也不能用自我责任来搪塞。

第二,这种自我责任论是企图为容易产生贫困的社会结构,以及制造出这种社会结构并放任不管的人脱罪。通过将贫困归咎于自我责任,可以不用向导致非正规就业进一步扩大,低工资工人进一步增加的企业问责,不用向在防止低工资工人的增加和阻止贫困增加的政策执行上懒政和无所作为的政府部门问责。自我责任论将本来应负责的人们从责任中解放出来,而将责任推向不应负责的人们。

在第六章开始的分析中,将"只要努力,谁都能富裕"的问题用于自我责任论的指标。换言之,这也是"努力的人可得回报的社会"论。将这一观念在社会上推广的是1998年小渊惠三内阁辖下成立的总理大臣的咨询机构,其在1999年的经济战略会议上发表了题为《日本经济再生战略》的报告。这份报告指出,妨碍日本经济增长的是"过度强调平等、公平""努力不努力,结果都一样"的日本社会的现状。所以,日本应与"过头的平等社会"诀别,构筑起"以每个人的自我责任与自助努力"为基础的"健康的有创造性的竞争社会"。

导致差距合理化的思想观念

这一报告的主张称为"努力的人得到回报的公正的税制改革",它突出地表现在对富裕层减税对低收入者增税的反复的强调中。报告认为,降低所得税的最高税率,提高低收入者的税率,使得税率偏平化,就能实现"努力的人得到回报"。即在此,"努力的人"与"高收入者"被等同视之。收入多的人即"努力的人",收入少的人即"不努力的人"。在此有一个非常简单的假设,即努力的程度若通过收入来衡量,则也能通过社会成功的程度来衡量。

毫无疑问的是,努力了未必会成功,成功的人也不能断言是比不成功的人付出了更多的努力。将"不努力的人"与"低收入者"等同视之,是无视低收入者通过劳动而做出的贡献,也无非是将贫困归咎于自我责任的逻辑重演。

一般而言,"努力的人得到回报"是需要的,是毋庸讳言的。正因如此,作为非正规工人工作着的下层阶级的努力必须得到回报。但是,在"低收入者"="不努力的人"的假设中,他们没有得到回报。在此,"努力的人得到回报的社会"的口号只是成了让差距合法化的思想观念罢了。

5　如何缩小差距

要缩小差距可以有各种各样的手段。其中,从改变社会结构本身到比较简单地就能实现的政策手段等有各种不同层次的手段。在此,改变社会结构本身的手段,比如通过社会主义革命来消灭阶级这样一种方法暂且不提,在此就包括简单的方法到需要大幅度改变制度的方法在内的政策上可行的方法进行阐述。这些方法大致上可以分为(1)缩小工资差距,(2)收入的再分配,以及(3)消除产生收入差距的原因三大类。

（1）缩小工资差距

大多数工人都是雇员,所以要缩小差距首先应该考虑的就是缩小工资的差距。还有一种观点认为,要能行之有效地实现收入的再分配,那么工资的差距维持现状也可以,但是,作者在此不想采纳这样的观点。因为,工资是对劳动的报酬,是对人们贡献的评价,报酬少意味着获得报酬的人的贡献未获得充分的认可,因而也意味着这些人未得到社会的尊重。

所以,不管地位的高低,职务的差异,人们在生活得到保障的同时,还需要有一份能让自己切实感受到了社会的尊重的工资。具体的方法可以有以下几种。

◎ 实现均等待遇

日本的现状是,正规雇员与非正规雇员的工资差距非常之大。下层阶级之所以容易陷入贫困,原因即在于此。其中,有不少人与正规工人在同一职场干着同样的工作,有时甚至作为"前辈"承担着指导年轻的正规工人新人的任务,然而他们却拿着远低于正规工人的工资。这种不公平的待遇应该立即取消。在欧盟,雇用形态导致的歧视性待遇已经在法律上被禁止了。

同样的均等待遇在职务相同或类似的情况下,不仅要用于不同的雇用形态,还必须用于综合职与一般职、男性与女性、大学毕业与大专毕业或高中毕业的员工之间。这样才能缩小差距,在很大程度上解除非正规工人,尤其是女性的贫困状况。

◎ 提高最低工资

近年来,日本在逐渐提高最低工资,尽管如此,2017 年的时候,全国平均的小时工资才848日元,所以,即使与正规就业一样一个月工作150小时,一年工作1 800小时,月收入也就12.72万日元,年收入也仅约153万日元。再扣除税金与社会保险费,即使一个人生活也非常可能低于贫困线。

在近年来的国政选举中,包括执政党在内的许多政党都向公众保证,将把最低小时工资提高到1 000日元。如果提高到1 000日元,年收入将达到180万日元左右,那么扣除税金和社会保险费后,一个人的话或许能勉强生活下去。如果是双职工,年收入达到360万日元左右,那么即使有两个孩子,也不至于落入贫困线以下。所以,这一政策应尽早实施,以尽快实现这一收入水平。最低工资的提高还会波及其他方面,低工资工人的收入将在整体上得以提高,由此,工资差距自然会缩小。只是,1 000日元也不过是当前的目标,而非最终目标。1 000日元的最低小时工资刚好就是目前的贫困线,也不过是谋求进一步提高的出发点。

◎ 短缩劳动时间与工作共享

更为有效的缩小工资差距的手段是工作的共享。所谓工作的共享,即将工作拆分开来,减少原来由一个人干的工作量和劳动时间,增加受雇的人数。

日本的劳动时间很长。这种状况与美国等差距大的国家是一样的,从国际比较来看,差距越大的国家,劳动时间越长(塞缪尔·鲍尔斯、Park Yongjin《模仿、不平等与劳动时间》)。为什么差距一大劳动时间就会变长?说明如下。

小时工资的差距一扩大会怎样呢?低工资的工人按以往的劳动时间工作的话生活就会发生困难。所以,他就必须比以往工作更长的时间,或者兼职干些其他的活,也一样是要延长劳动时间。而高工资的工人则会因完全不同的理由延长劳动时间。假设加班 1 小时的工资以前是 1 万日元,后来增加到 2 万日元,那么,如果提早结束工作或放弃节假日出勤等来增加闲暇时间,为此而必须牺牲的收入,即闲暇成本就从 1 小时 1 万日元增加到了 2 万日元。当然,大多数人会选择接受更长的加班时间(罗伯特·赖克《胜者的代价》)。

要缩小差距只需反其道而行之即可。首先,缩短正规就业的劳动时间。由此,就必须增加正规就业的人数,这样就可以有更多的人获得正规就业的职位。如此,就业一扩大,以往的自由职业者或失业的人就可以获得比较安定的职位。这些人的收入就会增加,工资差距也会缩小。以往低工资的工作,非正规就业的工作可能会出现劳动力不足的现象,这样一来,按市场经济的规律,工资就会上升。若实行这样的工作共享,那就不用靠税制或社会保障,就能使收入分配变得更为公平了。

(2)收入的再分配

工资差距即使缩小了,拥有大量的生产手段的大资本家们与一般雇员之间的差距还是不会缩小。已经积累起巨富的人们与非巨富的人们之间的差距也不会缩小。此外,失业者、因病无法工作的人、退休的老年人、小微企业的自营业者等人的贫困也不会消除。在此要做的是,收入的再分配。具体的方法可以有如下几种。

◎ 累进税的强化

所得税的最高税率原来曾达到 75%,1984 年降到 70%,

1987 年降到 60%，在引进消费税的 1989 年降到了 50%，然后到了 1999 年甚至降到了 37%。针对富裕阶层一直在减税，但是在另一方面，由于逆向性极强的消费税的引进及其税率的提高，低收入者的住民税率的提高，同样高收入者的住民税率的降低等政策的实施，税收的累进性受到了很大的损害（其后，虽然最高税率稍稍上提了一些，但是直至 2017 年时，也还停留在 45%）。

税收若能实行累进制，那么，征税之前与征税之后比较，征税后的差距肯定要小很多。根据 OECD 进行的国际比较来看，按 OECD 各国的平均值，显示收入差距大小的基尼系数在征税后要降低 0.034。然而在日本，征税后的基尼系数比征税前只降低了 0.003，这一值在 OECD 主要国家中是最低的。日本的税制完全没有发挥收入再分配的功能（OECD《不平等化的进展：OECD 各国的收入分配与贫困》）。

累进税的长处在于它是收入再分配最强有力的手段，而且支付能力随收入的提高呈加速度的上升，所以在现实中征税也比较容易。不仅如此，从社会角度来看也是极为合理的。高收入者不仅靠个人努力和才能获得财富。要获得财富还需要具备各种各样的条件，如社会安定，接受过高质量教育的工人大量存在，交通运输、通信等社会资本充实等等。而这些都是由政府用税金才得以实现的。所以，高收入者也是从税金中获得最多利益的人。既然这样，那么高收入者多的部分由他们通过更多的税金来承担也是理所当然。在这一意义上的累进税可以说是极为合理的制度。

关于累进税，《21 世纪资本论》的作者托马斯·皮凯蒂

（Thomas Piketty）指出了一个有趣的现象。1990年代以降，在许多国家大企业的经营者的报酬急剧增加。但是从国际比较来看，最高税率大大下降的国家，大企业高管的报酬反而增加了。为什么会这样？皮凯蒂指出，那是因为最高税率的下降，改变了报酬的决定方法。最高税率很高的情况下，即使大幅度提高报酬，极大部分都被征税了，所以经营者们硬是不让自己的报酬提高。但是，税率若是降下来，报酬的提高可以增加实际到手的所得，所以经营者们才让相关人员认可自己的涨薪，这岂不是一种惊人的努力吗（《21世纪资本论》）？即最高税率的下降也招致了经营者们的道德退化。

累进税的方法也应引进到消费税和社会保障制度中去。正如人们经常指出的，现行的消费税具有与累进税恰好相反的逆向性。低收入者的所有收入几乎都用于消费了，所以，整个收入都按消费税率被课税了。相反高收入者只将其收入的一部分用于消费，其他的或储蓄或投资，而这些部分是没有课税的。所以，一般的食品和日用品的税率应该下降，奢侈品的税率应该提高，从而使消费税也具有累进性。此外，根据目前的现状，国民年金和国民健康保险等保险费的负担率也是低收入者负担更重。因此，社会保障制度未能充分发挥收入再分配的功能。这一点也应该改变。

◎ 资产税的引进

这里所说的资产税是指对个人所有的金融资产、不动产等从资产中扣除住房贷款等负债以外的纯资产进行的课税。关于不动产已经有了固定资产税，所以只需引进对金融资产进行课税的新税种即可。只是老百姓们仅存的一点储蓄以及为老后准备的积蓄也被课税的话就不合适了,所以,须有一定金额的扣除,只需对超额部分课税即可。对不动产课税,对金融资产却不课税,资产税的引进正可以纠正这一不公平的现象。

根据野村综合研究所的估算,家庭金融资产总额为1 402兆日元。但是其分布并不均衡,拥有5亿日元以上的资产的家庭达7.3万户,他们是总资产高达75兆日元的超富裕阶层,1亿日元以上5亿日元不到的家庭有114.4万户,他们是总资产达197兆日元的富裕阶层,5 000万日元以上1亿日元以下的准富裕阶层达314.9万户,拥有金融资产达245兆日元。合计436.6万户,仅占总户数8.3%的这些家庭的金融资产已达517兆日元,占到总资产的36.9%(野村综合研究所《日本的富裕阶层122万户,纯金融资产总额272兆日元》)。

在此如果对每一户超过5 000万日元的部分课以1%的税,结果会怎样呢?税基为299兆日元,税收就有约3兆日元。而实际上真正缴税的家庭12家中只有1家的程度,每1户的平均税额,超富裕阶层为977万日元,富裕阶层为122万日元,准富裕阶层仅为28万日元。占据缴税家庭七成以上的准富裕阶层的负担大都低于固定资产税吧。所以这也只是字面意义上的富裕税。

在欧洲已有许多国家引进了资产税。但是,也有人批判道,对资产一课税富裕阶层就往海外转移,或者资产流出到国外,所以,爱尔兰、荷兰、瑞典等国以此为由,废除了曾经引进的富裕税(山口和之《关于欧洲富裕税的动向》)。在拥有独自的语言文化的日本,很难想象富裕阶层会轻易地移居海外,但是最后,为了防止避税行为,政府还应考虑建立包括国际范围的税制框架。

皮凯蒂就此提出了"世界性的资本税"的税制方案。他认为,这是在世界性框架内对资产引进的累进税,据此可以防止不平等的进一步扩大,并有可能挽回民主主义对全球金融资本主义的控制。关于税率,皮凯蒂提出了100万欧元(约1.15亿日元)以下为非课税,100万—500万欧元(约5.75亿日元)课以1%,500万欧元以上课以2%的税的示例。如果将此示例适用于欧盟全体加盟国的情况下,受其影响的人口将达2.5%,税收约为GDP的2%左右。

皮凯蒂还指出,要实现这一税制,就必须彻底贯彻金融的透明化与信息共享,切实把握每一个人在这个世界上究竟有多少资产,并决定各个国家税收分配的规则。这对防止所得税等的逃税行为也是十分必要的。

◎ 最低生活保障制度的实效性保障

在今天的日本,最低生活保障制度还处于功能不全的状态。因为,本来理应有享受最低生活保障的权利的贫困阶层却只有极少数的人能够接受到最低生活的保障。

在有接受最低生活保障资格的贫困阶层的人当中,实际上正在接受最低生活保障的人的比率叫做捕捉率。那么这个捕捉率为多少呢?2010年厚生劳动省对2007年的国民生活基础调查的数据重新进行了统计,并公布了捕捉率的估计结果。这一结果显示,最低生活保障标准以下的低收入家庭(包括接受最低生活保障而达到最低生活保障标准的家庭在内)有705万户。

相对于此,当时正接受着最低生活保障给付的家庭只有 108 万户,所以捕捉率只有 15.3%。庞大数量的贫困阶层的人们被置于无法享受最低生活保障的处境中。

这一 15.3% 的捕捉率明显低于其他发达国家。尾藤广喜等人指出,欧洲各国的捕捉率,瑞典约为 82%,德国 64.6%,法国 91.6%,英国视对象而不同,约在 47%—90% 之间(尾藤广喜、小久保哲郎、吉永纯编著《最低生活保障"改革"焦点在此!》)。最低生活保障制度很明显处于功能不全的状态。

为什么日本的捕捉率会这么低?至少有两个原因。一是接受给付的条件过于严苛,另一是因为"窗口战"[1] 的存在。

接受给付的条件中特别有问题的是储蓄。原则上最低生活保障申请时是不允许有存款和储蓄的,最多也就允许有相当于 1 个月的最低生活费的存款和储蓄。如果是一个人生活约为 10 万日元,如果有家属最多也就 20 万日元左右。为此,尽管收入很少,但因为稍微有些存款和储蓄而无法接受最低生活保障的家庭极多。根据上面介绍的厚生劳动省的估计,处于最低生活保障标准以下却没收接受最低生活保障的家庭有 597 万户之多,其中有 1 个月以上的最低生活费的存款和储蓄的家庭有 368 万户。目前这些家庭因为没有接受最低生活保障给付的资格,所以除去这一部分的家庭重新计算后,捕捉率为 32.1%。

把那些有着足够多的能够充当生活费的存款和储蓄,如从大企业或政府部门退休的高龄老人家庭排除出最低生活保障的

---

1. 即在地方政府办理申请低保手续的窗口,工作人员要么不给要么拒收申请表格,以此来控制或降低接受低保的人数。——译者注

对象还可以理解。但是,存款与储蓄并不仅仅是充当生活费,为了急病等不时之需所作的准备、即将升学的孩子的学费、为高龄家属准备的丧葬费,以及其他可能出现的急需用钱时的准备等,都需要存款和储蓄。然而,由于只认可相当于1个月生活费的存款和储蓄,那么具备接受最低生活保障资格的人的范围就相当窄了。

为此,许多低收入家庭只得一点一点地用尽他们的存款来维持他们的生活,当存款终于用尽后,不知道是幸还是不幸,他们总算符合了最低生活保障的标准。为此,看一下他们申请保障的理由,"存款等的减少、丧失"的家庭月平均竟上升到5 520户,在全部家庭中占到了32.2%的比率,这一理由甚至超过了疾病和失业等,堂而皇之登上首位(厚生劳动省《低保户调查》2014年)。

再来看英国,储蓄达到1.6万英镑(260万日元)以上时就不能接受低保,但是,储蓄在8 000英镑(220万日元)以上1.6万英镑不到的情况下,低保可以减额享受,低于8 000英镑时可以全额享受(吉永纯、后藤道夫、唐镰直义《显示庞大的"来自低保的排除"》)。在日本,至少也应该认可100万日元左右的储蓄吧。

所谓窗口战,即常见于部分地方政府的应对中,在窗口的接待人员对前来申请最低生活保障的居民以种种借口挡回去不让其申请,或以不成理由的理由驳回申请,等等。鉴于申请经常在窗口被阻止的情形,当事人之间就这么称呼它了。此外,对已经接受低保的居民,地方政府的工作人员迫使他们退出低保的行为也经常发生，所以上述称呼还包括这种情况（迫使低保户退保的行为也被称为"硫磺岛作战"）。

要么不让其申请，要么不批准申请，所用的借口名目繁多，什么"还能工作，去找工作吧"，什么"让你亲戚养你吧""有房子的人不能申请"，等等。这些都不能成为阻止贫困阶层的人接受最低生活保障的理由，这种应对申请者的态度都是违法的。窗口战的做法，曾经导致多起悲剧的发生。如申请被拒绝后的儿子为和母亲一起自杀而杀死老母的事件（2006年，京都市）。还有申请被当场驳回的男子在福利事务所门前的汽车中烧炭自杀事件，等等（2006年，秋田市）。由此，窗口战做法受到了很多的批判，所以现在稍微有所收敛，但也并未完全杜绝。

地方政府采取这种窗口战的最大原因在于最低生活保障费的资金来源中有四分之一由地方政府负担。最低生活保障费一增加，地方政府的财政就会发生困难，所以可以说是这项制度将地方政府推进了窗口战。最低生活保障制度是为了维护得到宪法保护的生存权，即"所有国民均有享受维持健康且文化性的最低限度生活的权利"，所以，全额应由国家负担。不应该因地方政府的财政状况而出现有的地方生存权得到保障，有的地方得不到保障的情况。

但是，目前根本不可能指望一直在促进最低生活保障费削减的日本政府来全额负担低保费用，所以当前最有效的办法是建立一套对最低生活保障制度的运用实施监督的机制。而且，它有一个简单的方法。只需使用总务省每5年实施一次的"就业构造基本调查"的数据即可。这项调查的对象有100万人以上之多,调查项目涉及面甚广,有家庭结构、家庭年收入、有无职业等,在有职业的情况下,还包括产业、职种、从业地位、企业规模、劳动时间、由该份工作获得的年收入等等。

如果使用这一调查的数据,那么,不仅是都道府县,人口规模在一定规模以上的市区町村也能计算出贫困率。再将其与实际的接受最低生活保障给付的比率进行比较的话,那么,最低生活保障制度没有充分发挥作用的地区,也即或是实行窗口战,或是地方政府采取拖延策略的地区究竟在哪也就一目了然了。然后对这些地区进行调查,促使其改善对制度的运用即可。

◎ 基本收入

与失业津贴和年金一样,最低生活保障也要自己申请才能领取。有些人不知道自己有资格可以领取低保,还有些人是感到难为情或因为不想受到打击等,导致有很多人不去申请。所以,即使有关存款和储蓄的限制放宽了,而且窗口战也不搞了,但是,最低生活保障制度依然不能覆盖到所有的贫困阶层的人。那么,应该怎么办才好呢?

可以考虑的方法就是引进基本收入。所谓基本收入,即对所有的人无条件地给予生活所需的最低限度的收入。关于给付金额,人们有不同的看法,用日元来说,大都认为月额在数万日元到 10 万日元的程度为宜。这一金额由政府每个月打到人们的银行账户。

一开始人们肯定都会认为这是天方夜谭,但认真想一想,就会觉得这其实是非常合理的制度。引进基本收入制度的话,最低生活保障制度自不待言,基础养老金、失业保险、儿童津贴等许多社会保障制度就可以简化。从金额来看,至少基础养老金和儿童津贴可以全部废除了。向所有的人支付了基本收入以后,开具失业证明,检查有无资产,催促支付保险费等的劳动力和时间都可以省了,这样运营费用也只要少许就可解决了。

实际上,荷兰、芬兰、美国等好几个国家,都已在进行试点以测试效果。在芬兰的实验中,政府从全国各地随机挑选出了2 000名失业者,每月给予约7万日元的给付。若是失业津贴的话,失业者一工作失业津贴就会取消,这样失业者对重新就业就会很慎重,但是,领到这些基本收入的话,失业者反而会积极寻找再就业机会,或者安心踏入创业的行列,由此可见,基本收入效果明显。据基本收入的倡导者所言,在至今为止的实验中"因为拿到了现金而不工作的人一个也没有"(NHK《今朝特写》2017年7月27日)。

在长时间劳动和黑企猖獗的日本,硬撑着病体工作的人,或不能忍受过于苛刻的劳动条件的人或许会辞去工作,但是,这正是这项制度所希望的效果。也有人质疑,认为对富裕阶层的人也同样发放就不合理了,但是,他们的这些收入若与其他收入一起合并计算课税的话,那就没问题了。所得税与住民税合并计算税率高达50%的高收入者的情况下,一半的收入将以税金的形式回到政府手里。

另外,社会政策学家山森亮指出,在欧美有关这一问题的讨论中,有一种主张正在广泛流传,即在伴随着技术革新必要劳动量日益减少的现代,即使有人不工作也没问题(《基本收入入门》)。这样说来,凯恩斯政策的制定者约翰·梅纳德·凯恩斯也曾经阐述过,到了100年后的2030年,生活水平将有可能达到1930年时的4—8倍,劳动时间1天只需3小时,经济上的问题都可以解决,人类将从紧迫的经济性需求中获得自由(《孙子一代的经济上的可能性》,1930年)。

此外,马克思也曾指出,资本将为了自身的利益而发展技术,生产设备将越来越大型化,由此,必要的劳动时间将缩短至最小限度,结果自由时间将增加,人们可以将自己的时间用于自身的发展(《固定资本和社会生产力的发展》)。

包括发展中国家在内,这种社会形态虽然不可能一起实现,但是也可以考虑起来了吧。

(3)消除产生收入差距的原因

相当大一部分的差距是由与生俱来被赋予的条件的差距产生的。这种人生初期的条件的差距有必要积极地去缩小。尤其重要的是,要提高削弱遗产效果的遗产继承税税率,实现教育机会的平等化。

◎ 遗产税税率的提高

一谈起差距扩大,经常会出现的反驳观点是"机会均等"论,即机会必须平等,然而在机会平等的基础上进行竞争从而出现差距是理所应当的,这种差距应该被接受。因为在竞争中落败是不努力的结果,这又同必须接受这一结果的自我责任论联系了起来。就此意义而言,这一观点又成为自我责任论的前提。

但是在现实中机会的平等并没有实现。因为,有的人可以从父辈接收到遗产,而有的人却没有遗产可继承。此外,在能够继承遗产的人当中,遗产数额的多寡也是有差距的。能否继承遗产以及遗产的多寡，极大地左右着人们的人生初期的条件，从而制造出机会的不平等。这些遗产还派生出其他各种各样的差距。但是，有无遗产与遗产的多寡并不是取决于自己判断的结果。因此，即使立足于自我责任论的立场，也无法容忍来自遗产继承的差距。

为了缩小这种差距，必须大力加强遗产继承税。遗产继承税的最高税率在1987年以前为75%，其后这一税种的税率呈阶段性的降低趋势，到了2003年降到了50%。其中也有地价下跌的原因，1991年这一税种的税收达到了3兆9651亿日元，到了2004年减少至1兆651亿日元。其后稍有回升，2014年达到1兆3904亿日元。

2015年时课税起征点有所下降，最高税率也稍有提高，达到55%，因此，被继承的数量从56239人上升到了103043人，税收也增加到了1兆8116亿日元。尽管如此，这一年死亡人数虽然达到了1290444人，但是被课以继承税的仅有8.0%，只有很少一部分人缴付了富裕税。课税价格为14兆5554亿日元，所以，算下来税收负担率仅为12.4%。它基本上等同于年收入600万日元程度的人们的所得税负担率。

当然也有例外：家业不可或缺的店铺和农地、作为生活基础不能缺少的住宅、宅基地等是可以扣除的。在东京等地价很高的大城市地区，仅这些被扣除的范围就可能值1亿日元左右。反言之，从保障机会平等的观点出发，超过1亿日元的部分应该禁止继承，即税率完全可以提高到100%。

那么这样一笔税收会有多少呢？根据国税厅的统计，在

2015 年的情况下,1 亿日元以上的继承被课税的案件为 42 805 件,课税价格平均 2.453 3 亿日元。超过 1 亿日元的部分合计金额约达 6 兆 2 200 亿日元,税率若是 100%,那么,这 6 兆 2 200 亿日元就成了税收。最低生活保障制度的实效性即使再提高,上述税收也应该可以游刃有余地应付低保支付。

◎ 均等的教育机会的保障

要实现教育机会的平等非常困难。如果仅是学费的负担能力问题,那么只要充实奖学金制度即可解决。但是,教育机会的不平等部分已经植根于幼年时的生育环境的差异,所以仅靠奖学金是无法解决的。奖学金的问题与非奖学金的问题,我们可以分两部分来考虑。

首先,必须大幅度地扩充奖学金制度。而且应该是给付型的,即不必返还的制度。但是在现实中,大学毕业后未必就能谋到一份安定的职业。即使失业了,或者仅成为非正规的下层阶级生活着,他们依然要返还数百万日元的奖学金,这样一来,年轻人对申请奖学金必然会犹豫不决。那么,这种保障教育机会的奖学金的功能就被极大地限制住了。

问题在于财源,财源是靠税收来充填的,这里就需要做些调整。因为,接受大学教育后所能获得的利益大都以高于高中毕业后马上就业的人的收入的形式归属于本人的。对没有升学的年轻人及其父母亲来说,他们却为对自己毫无益处的奖学金支付了税金,这是无法接受的。

因此,奖学金的财源最好是从新的税种来筹措,而这一新的税种只能从已经得益于大学教育的人处征缴。我们且把此税称为大学教育税吧。课税的方法有两个。一是从大学毕业后顺利就业,并获得稳定的收入的人那里征收。从本人的收入中扣除一定的金额,比如扣除相当于该年龄的平均收入的金额,超过部分按一定的税率征缴税额即可。为了防止税额过高,超过了大学教育所花费的成本,最好设置税额上限。

另一是对雇用大学毕业生的企业课税。企业要聘用大学毕业生,是因为这么做可以提高利润。这是对其利润的课税。具体的做法是,高中毕业生的平均工资与大学毕业生的平均工资的差额按一定的比率课税,仅按聘用的大学毕业生人数征收即可。这样一来,企业就非常有可能按税负降低大学毕业生的工资。其结果,就可能产生学历间的工资差距缩小的效果。

那么,关于非奖学金可以解决的、起因于生育环境的机会不平等又怎么来解决呢?首先可以考虑的是,① 实施以贫困层的孩子为对象的补习教育,或者由公费负担补习班和家庭教师等校外教育费等,以个别的家庭与孩子为对象进行援助;② 进一步充实目前贫困家庭出身的孩子占很大比率的贫困地区的学校,即所谓的"底层学校"、定时制高中及通信制高中、中学夜校等以学校为对象的政策措施;③ 对贫困家庭出身的年轻人实施优惠政策,即应该研究引进平权措施。

关于平权措施的方法,文部科学省不必这样那样地发号施令,可以由各大学按自己的创意方法行事。文部科学省要做的是将低收入家庭出身的学生的比率作为一项指标纳入大学的评价体系中,对这一比率高的大学给予更多的补贴配给。如此一来,将有更多的大学会去寻找最佳的方法,要么在入学考试中为贫困阶层出身的学生加分,要么引进以贫困阶层出身的学生为对象的招生办入学考试,等等。不喜欢采用平权措施的大学要有得不到补贴配给的思想准备,那么只要贯彻自己的方针即可。这就是所谓的大学自治。

6 为实现"非阶级社会"而努力

改变社会的手段与方法

在上一节的一开始,笔者就已指出,本书将改变社会结构本身作为缩小差距的手段,但是不会去讨论诸如通过社会主义革命来消灭阶级的方法,原因在于,消灭阶级是不可能的,也不是理想的举措。

在现代产业中,每个人的专业分工很细,承担不同职种的工作理所当然,人们根据分工从事不同的职业是不可避免的。而且对大多数人而言,拥有自己的职场或店铺,甚至经营着公司已成为其人生的重要目标与梦想。正如在第三章中所见,资本家阶级或旧中产阶级的工作中,有着普通雇员所体会不到的意义。这些人在体味着这些意义的同时投身于他们的工作,这本身就是对社会的贡献。所以消灭阶级也并非好事。

问题在于阶级间的差距过大,而且阶级间产生了隔阂,阶级所属取决于出身阶级的倾向越来越明显。如果能够实现在上一节中提出的若干政策措施,即可缩小阶级间的差距,且自己的阶级所属由自己自由选择的可能性如果能够进一步扩大,那么阶级本身的意义比现在就小得多。这种社会不能说是"无阶级社会”,但与阶级差距大,阶级位于社会结构的中心的"阶级社会"相比,或可称其为"非阶级社会"吧。笔者愿意将此作为理想社会的形态。

实现这一非阶级社会需要怎样的条件呢?首先必须就缩小差距的必要性达成共识。如前面所介绍的,关于差距扩大与贫困层的增加会引起很多问题的研究已经是硕果累累,其结论不容置疑。自我责任论虽是强劲的对手,但并非不可战胜。差距扩大给包括富人在内的全社会带来弊病,所以若对此放任不管,那么对由此而产生的弊病而言,放任不管的人必须承担责任。这恐怕是与自我责任论的最大的矛盾吧。

是否能成为社会变革的中坚力量

但是,要从这一点出发,向消除差距社会前进,则必须就缩小差距这一目标达成共识,接受实现这一目标的手段,即以收入再分配为首的各项政策措施,并为实现这一目标而付诸行动。那么,到哪里去找能够为此付诸行动的人呢?

根据上述分析,占据资本主义经济的主流位置的资本家阶级、新中产阶级、正规工人这三大阶级都在不同程度上对收入再分配持强烈的否定倾向。实际上对笔者而言,这一结论有些意外。因为,在笔者的前几部著作中,根据对 2005 年为止的 SSM调查数据等以往的数据进行分析的结果,一贯主张消除差距社会的主体是新中产阶级。

在马克思以来的左翼思想的传统中,社会变革的主体一直被认为是工人阶级。但是,各种数据分析下来,现实中的日本的工人阶级虽然对社会强烈不满，对差距的现状也是持批判的态度，但是他们对政治不太关心，投票率也不高。而下层阶级虽有一些揭竿而起的劳动运动和社会运动的动向，但是总体上困于谋生之中，与正规工人一样政治觉悟较低。所以，他们很难被期待成为社会变革的主体。

相反，从截至2000年为止的数据来看，新中产阶级政治觉悟高，投票率也高，而且尽管自己处于有利的立场，依然对差距的现状持批判的态度，对收入再分配等纠正差距的政策措施的支持倾向在某种程度上来说还是比较高的。而且实际上在民主党夺得政权的2009年的总选举后的调查中，新中产阶级对民主党的支持率达到22.0%，大大高于自民党的11.7%。可以说通过投票支持民主党，并使政权交替代得以实现的是新中产阶级（详情参阅拙著《现代贫困物语》第三章）。

而且日本的新中产阶级在政治上一直有着发挥进步作用的传统。在日本战败后的民主化过程中，高学历的精英们成为工会运动的领袖，推动了消除战前职员与工人之间的身份的差别，尽管结果使得精英们的待遇比战前降低了不少（二村一夫《战后社会起点上的工会运动》）。此后的和平运动、反公害运动，以及最近的反核电站运动和反对安保法制运动等，发挥核心作用的都是高学历的新中产阶级，或他们的家庭主妇妻子。

但是，在对2015年的SSM调查数据与2016年的首都圈调查数据等最新的调查数据进行分析的过程中感觉到有必要对自己过去的观点进行一些修正。因为，仅看总体的数据，很难说新中产阶级是否定差距扩大的阶级。而且，要使新中产阶级也朝

着消除差距社会的方向努力的话,就如从刚才的分析中所了解
到的那样,不仅要让他们对差距扩大有深刻的认识,还要让他们
抛弃自我责任论。这是非常困难的课题。

自由派的集结

从分析结果可见,能够承担消除差距社会的任务的人似乎
是游离于资本主义经济的主流之外的人们。即下层阶级、兼职
主妇、家庭主妇以及旧中产阶级。与主流相比,他们具有更强烈
的支持收入再分配的倾向,而且不受自我责任论的束缚,他们有
把所了解到的差距扩大的事实直接与支持收入再分配相联系的
强烈倾向。如在第六章中所见到的一个值得注意的现象,即支
持收入再分配的倾向在下层阶级那里很容易同排外主义相联
系,所以把支持消除差距社会的核心力量放在此处也可以吧。

但是,新中产阶级当中也不是没有可以期待的力量。实际
上,新中产阶级的内部也是非常多样化的,与以前一样对差距的
现状持批判的态度、积极支持收入再分配的也大有人在。

图表7-4是运用对差距扩大的认识、自我责任论、对收入
再分配的支持,再加上第六章使用过的排外主义和重视军备等
5个种类的得分,按回答的倾向将新中产阶级分为3种类型的
结果。分类采用的是聚类分析的方法,即将回答的倾向非常相
似的人按顺序进行汇总,然后分别编入几个组。顺便解释一下,
在聚类分析中,可以通过在哪个阶段停止人们的集合,来自由地
决定分组的数量,但是,分组的数量超过4个以上的话,就会出
现非常独特的回答(比如出现支持自我责任论的比率接近

100%等)的人数很少的分组,所以这张图表将分组的数量限定在3个组。

图表7-4　新中产阶级的3个组

	1　稳健保守	2　支持自民党的核心、组	3　自由派
构成比	38.8%	14.4%	46.8%
女性比率	19.4%	9.8%	33.2%
平均年龄(岁)	44.6	44.0	46.0
管理职务比率	24.8%	18.0%	18.1%
专业职务比率	54.5%	54.1%	65.3%
富裕层比率	17.0%	17.3%	18.2%
平均个人年收入(万日元)	693.1	669.2	670.1
对差距扩大的认识深刻的人的比率	15.2%	16.4%	37.8%
很支持收入再分配的人的比率	1.2%	0.0%	27.1%
很支持自我责任论的人的比率	32.1%	60.7%	17.1%
很重视军备的人的比率	24.2%	78.7%	4.0%
极具排外主义的人的比率	29.7%	72.1%	15.6%
对自民党的支持率	32.7%	60.0%	13.2%
没有支持的政党	62.0%	36.7%	73.5%

资料来源:根据2016年首都圈调查数据算出
注:用于聚类分析的变量,将"对差距扩大的认识""支持收入再分配""自我责任论""重视军备""排外主义"等项目的得分换算成最小值为0,最大值为1。根据基于欧式平方距离的组内平均连接法。

　　第一组与第二组对差距扩大认识不足,对收入再分配几乎无人支持,是对自民党支持率较高的保守组。但是,这2组之间还是有着较大的差异。支持自我责任论的人、非常支持重视军备的人，以及非常支持排外主义的人的比率，在第1组中占到了三成左右，而在第2组中则高达六至八成左右，甚为极端。

越来越穷也好，越来越富也罢，都是自己的事，修改宪法拥有军队是应该的，冲绳有好多美军基地是理所当然的，中国人、韩国人对日本恶语相向，居所附近不欢迎来外国人等，这第二组的人堪称是极右排外主义者，果然，他们对自民党的支持率也高达60.0%。因而也应该把他们称之为"自民党支持力量的中核组"。相对于此第1组堪称"稳健保守"派。这第1和第2组两者合计，在新中产阶级中占到了53.2%。

相对于前两组，第3组的人对差距扩大的事实认识明确，他们否定自我责任论，支持收入再分配的倾向非常强烈。应该称他们为"自由派"。他们在新中产阶级中占到了46.8%。他们与2个保守组几乎在所有方面都大相径庭。女性比率高达33.2%，管理职位的人的比率较低，专业职位的人的比率较高。支持重视军备的比率只有4.0%，支持排外主义的也不过15.6%。正是这一组"自由派"人士，才是与被主流淘汰的人们一起消除差距社会的重要主体。虽然本次的分析结果已被省略，但若进行同样的分析，在正规工人中也可以找到同样存在的自由派。

从自由派支持的政党来看，不支持任何政党的比率高达73.5%，高于保守派的2个组。对自民党的支持率较低，仅为13.2%，对其他政党的支持率也不能算高，民进党才7.0%，共产党仅为2.5%，公明党也只有2.0%等。在此，反映出如下这一种状况，即自由派即使想从消除差距的立场出发来支持自民党以外的政党，但是在现实中却没有他们可以支持的政党。就此而言,下层阶级、兼职主妇、家庭主妇们也都一样。旧中产阶级传统上对自民党的支持率较高,但是从第三章可以看出,近年来也呈现出下降的趋势。

如果在消除差距社会这一点上形成共识的政党或政治势力的联合体能够成立,那么,可以说,能够成为支持他们的基本力量的阶级、组已经存在。那就是下层阶级、兼职主妇、家庭主妇、旧中产阶级,以及新中产阶级与正规工人中的自由派。这些乍一看多样而杂乱的人群不正是能够集结在消除差距社会这一点上的政治势力吗?如果有这样的政党登上历史舞台,那么上述人群可能马上改变他们对政党支持的倾向。其可能性之端倪,从2017年10月的众议院选举中出现的立宪民主党的异军突起即可窥见一斑。

自民党一党独强的统治在目前似乎是不可动摇的。但是,自民党自有其弱点。现在是因为没有其他选择,所以在选举中它可以获得大量的选票,但实际上,如图表6-8显示的,从新中产阶级第2组也可看出,自民党比较稳固的支持力量仅仅是那些非常支持排外主义与重视军备的特殊人物。如果耽于一党独大的体制,一味地加强排外主义与重视军备,那么自民党可以说自己在削弱它的支持力量。

仅为消除差距社会这一点,就足以形成弱者与自由派相结合的政治势力。所以消除差距社会,也即日本社会的未来皆系于此。

参考文献

威尔金森（池本幸生、片冈洋子、末原睦美译）《差距社会的冲击》（『格差社会の衝撃』）书籍工房早山，2009 年

尾藤广喜、小久保哲郎、吉永纯编著《最低生活保障"改革"焦点在此！》（『生活保護「改革」ここが焦点だ！』）AKEBI 书房，2011 年

加尔布雷思（中村达也译）《满足的文化》（『満足の文化』）新潮社，1993 年

吉川彻《宁静的"中"意识的转变》（「『中』意識の静な変容」）《社会学评论》50 卷 2 号，1999 年

吉川彻《现代日本的"社会之心"》（『現代日本の「社会の心」』）有斐阁，2014 年

经济企划厅《国民生活白皮书 昭和六十三年版》（『国民生活白書 昭和六十三年版』）大藏省印刷局，1988 年

厚生劳动省《平成二十七年版厚生劳动白皮书》（『厚生労働白書 平成二七年版』）日经印刷，2015 年

Gong Aran《阶层的位置与阶层意识的形成、维持与转变机制》
（「階層的位置と階層意識の形成・維持・変容メカニズ
ム」）早稻田大学人间科学研究科硕士论文，2017 年

齐藤友里子、大槻茂实《不公平感的结构》（『不公平の構造』）
齐藤友里子、三隅一人编《现代的阶层社会 3 流动化过程
中的社会意识》（『現代の階級社会 3 流動化のなかの社
會意識』）东京大学出版会，2011 年

佐藤俊树《不平等的日本社会》（『不平等社会日本』）中央公论
新社，2000 年

综合研究开发机构《就业冰河期一代人的危险时刻》（『就職氷
河期世代のきわどさ』）综合研究开发机构，2008 年

富永健一《社会学原理》（『社会学原理』）岩波书店，1986 年

二村一夫〈战后社会起点上的工会运动〉《战后改革与现代社会
的形成（丛书日本近现代史 4）》（「戦後社会の起点におけ
る労働組合運動」『戦後改革と現代社会の形成（シリーズ
日本近現代史 4）』）岩波书店，1994 年

野村综合研究所《日本的富裕阶层 122 万户，纯金融资产总额
272 兆日元》（「日本の富裕層は一一二万世帯、純金融資産
総額は二七二兆円」）（https：//www.nri.com/~/media/
PDF/jp/news/2016/161128_1.pdf）

桥本健二《现代贫困物语》（『現代貧困物語』）弘文堂，2016 年

樋口直人《日本型排外主义》（『日本型排外主義』）名古屋大学
出版会，2014 年

古谷经衡《网络右翼的逆袭》（『ネット右翼の逆襲』）综合社，

2013 年

布雷弗曼（富泽贤治译）《劳动与垄断资本》（『労働と独占資本』）岩波书店,1978 年

贝克（Ulrich Beck）,吉登斯（Anthony Giddens）,拉什（Scott Lash）《自反性现代化》（松尾精文、小幡正敏、叶堂隆三译）《再归的近代化》而立书房,1997 年

法政大学大原社会问题研究所《日本劳动年鉴第 22 集　战后特集》（『日本労働年鑑第 22 集　戦後特集』）劳动旬报社,1949 年

马克思（资本论草稿集翻译委员会译）〈固定资本和社会生产力的发展〉《马克思资本论手稿集 1857—1858 年的经济学手稿第二分册》（「固定資本と社会の生産諸力の発展」　『マルクス資本論草稿集一八五七—五八年の経済学草稿第 2 分冊』）大月书店,1993 年

村上泰亮"新中产阶层的现实性"（「新中間階層の現実性」）《朝日新闻》1977 年 5 月 20 日夕刊

山口和之《关于欧洲富裕税的动向》（「富裕税をめぐる欧州の動向」）《参考》平成二十七年 5 月号,国立国会图书馆调查及立法考查局

山田昌弘《希望差距社会》（「希望格差社会」）筑摩书房,2004 年

吉永纯、后藤道夫、唐镰直义《显示庞大的"来自低保的排除"》（膨大な『保護からの排除』を示す）《工资与社会保障》2010 年 10 月上旬号,2010 年

赖克(Robert B. Reich)著(清家笃译)《胜者的代价》(*The Next American Frontier*, *The Future of Succes*)东洋经济新报社，2002 年

Bowles, Samuel and Park, Yongjin. Emulation, Inequality, and Work Hours. The Economic Journal, 115, 2005.

Dahrendorf Ralph. *Law and Order*. Westview Press, 1985.

OECD. Growing Unequal? Income Distribution and Poverty in OECD Countries. 2008.

——Trends in Income Inequality and its Impact on Economic Growth, 2014.